Jo Coudert

Sieben Katzen und die Kunst des Lebens

Aus dem Amerikanischen
von Dagmar Roth

BASTEI-LÜBBE-TASCHENBUCH
Band 14273

Titel der amerikanischen Originalausgabe:
SEVEN CATS AND THE ART OF LIVING
© 1996 by Jo Coudert
© für die deutsche Ausgabe 1997 by
Europa Verlag GmbH, München, Wien
Lizenzausgabe: Bastei Verlag Gustav H. Lübbe GmbH & Co.
Bergisch Gladbach
Erste Auflage: Dezember 1999
Umschlaggestaltung: QuadroGrafik, Bensberg
Titelillustration: Robert Goldstrum/The Newborn Group
Satz: Druck&Grafik Siebel, Lindlar
Druck und Verarbeitung: AIT Trondheim AS
Printed in Norway
ISBN: 3-404-14273-X

Sie finden uns im Internet unter
http://www.luebbe.de

Der Preis dieses Bandes versteht sich einschließlich
der gesetzlichen Mehrwertsteuer.

Für Connie Carey und die Katzen

Inhalt

Der Anfang · *9*

Bitty · *19*

Poppy · *51*

Chester · *75*

Socksie · *97*

Trot · *131*

Sweet William · *155*

Kate · *179*

Der Schluß · *209*

Der Anfang

Der Fluß ist ein guter Gefährte. Hier, nahe an seiner Quelle, besitzt er angenehme Dimensionen und hüpft munter murmelnd um Felsen und Steine. An einem heißen, trägen Sommertag saß ich oben auf der Uferböschung, verfolgte mit den Blicken ein sich langsam drehendes, mit der Strömung flußabwärts treibendes Blatt und beobachtete ein Rotkehlchen, das gegenüber im seichten Wasser von der Farbe geeisten Tees unter lebhaftem Geplansche badete.

Bitty, eine der Katzen, bog um die Hausecke. Vollkommen auf den Flug eines kleinen weißen Schmetterlings konzentriert, duckte sich der Kater. Sein Schwanz zuckte. Er schlich näher. Nichts anderes existierte für ihn, und ich beneidete ihn um dieses Vertieftsein in den Augenblick, denn mir fällt es schwer, mich auf dem schmalen Grat der Gegenwart zu halten, zu häufig gleiten meine Gedanken in die Vergangenheit oder in die Zukunft. An jenem Tag klang das Gemurmel des Flusses wie Gelächter von einer entfernten Cocktailparty, und das erinnerte mich an die Stadt, in der ich früher wohnte. Das frischgebadete Rotkehlchen flog auf einen Zweig über meinem Kopf, und magisch angezogen folgte ihm mein Blick. Über dem kleinen Vogel, hoch oben am wolkenlos blauen Himmel schwebte ein Truthahngeier müßig auf der Luftströmung. Bei seinem Anblick dachte ich, sollte es ein nächstes Leben geben und man ließe mir die Wahl, ich würde im Tausch gegen die herrliche Freiheit des Sich-im-Wind-Treibenlassens mit Freuden die Häßlichkeit eines Geiers auf mich nehmen.

Die Katze sprang vor. Der Schmetterling flatterte außer Reichweite, und Bitty, der sich suchend nach der nächsten lohnenden Beschäftigung umblickte, entdeckte mich. Er stieß ein begeistertes Maunzen aus, lief über den Rasen, setzte über eine Rabatte mit Pachysandra und sprang auf meinen Schoß. Er streckte sich, rieb zur Begrüßung seinen Kopf an meinem Kinn und antwortete auf meine an ihn gerichteten Worte mit grollendem, kehligem Schnurren, Laute, die wie halbe Miaus herauskamen. Während ich das lohfarbene Fell hinter seinen Ohren kraulte, ließ ich in Gedanken wieder die Charaktereigenschaften dieser Katze Revue passieren. Bitty, die jüngste und neueste unserer Bande, war eine gewöhnliche Tigerkatze, keine Schönheit, abgesehen davon, daß alle Katzen in ihrer natürlichen Eleganz und Anmut schön sind, aber er lebte bis an die überbordenden Grenzen seiner Fähigkeiten. Er war liebevoll, intelligent, mitteilsam, lebhaft, gutgelaunt, lebenslustig, freundlich und großmütig. Er verfüge, sagte ich neckend zu ihm, über ein wunderbares Talent zum Katzesein.

Dabei ging mir der Gedanke durch den Kopf, wie schön es wäre, ein vergleichbares Talent zum Menschsein zu haben – für ein Leben ohne selbstauferlegte Einschränkungen, für einen gleichmütigen Umgang mit Ereignissen, für die Entwicklung fruchtbarer Beziehungen. In diesem Zusammenhang fiel mir ein Satz aus einem Roman von Ann Bridge ein, den ich vor langer Zeit gelesen habe: »Die Wahrheit, dachte sie, die ganze Wahrheit, die man für ein bedeutungsvolles, ein nahezu vollkommenes Leben braucht, liegt beständig rings um uns ausgebreitet...« Die einzige Voraussetzung »man hätte sie sich, so wie die Dinge lagen, aneignen müssen, sie sich mit Gewalt erkämpfen und zur eigenen machen müssen, bevor man Gebrauch davon machen konnte«. Verkörperte diese Katze auf meinem Schoß einen Teil der Wahrheit, die überall bereit liegt, von der man nur Kenntnis nehmen muß, damit sie zur eigenen wird?

Ich kam ins Sinnieren. Katzen besitzen generell Würde und Präsenz. Sie leben im Mittelpunkt ihres eigenen Lebens, nicht am Rande eines erhabeneren Lebens. Sie erniedrigen sich nicht, um geliebt und akzeptiert zu werden. Sie haben keine Götter und brauchen sie auch nicht, denn sie tragen die Verantwortung für sich selbst. Sie besitzen Individualität und Selbstwertgefühl. Unkompliziertheit zeichnet sie aus, Gelassenheit, Gleichmut. Sie machen das beste aus den Umständen, die sie jeweils vorfinden. Anscheinend haben sie die Lösung für das Menschen so kompliziert erscheinende Problem gefunden, nämlich das rechte Maß zwischen Distanz und Nähe, zwischen völligem Ineinanderaufgehen und Eigenständigkeit – wie man sich zur Wahrung der eigenen Identität weit genug von anderen entfernt hält, aber einander trotzdem so nah ist, daß das Alleinsein erträglich wird. Nimmt man ihre einzigartige Fähigkeit zum Schnurren als Maßstab, sieht es so aus, als fänden sie in ihrem Leben jede Menge beschauliche Zufriedenheit. Nimmt man noch ihre legendäre Fähigkeit dazu, stets auf die Füße zu fallen, ja, dann konnte ich mir gut vorstellen, von Katzen einiges über die Kunst des Lebens zu lernen.

Hatte ich recht, mangelte es mir nicht an Anschauungsmodellen, denn damals lebten sieben Katzen in Go Well. Sicher, ich mag Katzen, sie machen mir Freude, aber ich hatte wahrhaftig nie die Absicht, mir so viele zuzulegen. Ich war überzeugt, eine Einzelkatze würde eine enge Beziehung zu mir entwickeln, zwei oder noch mehr Katzen stärkere Bindungen zueinander. Inzwischen glaube ich, mich in dieser Hinsicht getäuscht zu haben, aber jahrelang, während ich zwischen einer Stadtwohnung und diesem alten Haus in den westlichen Hügeln New Jerseys hin und her pendelte, hielt ich an dieser Theorie fest. Ich hatte auch einen Golden Retriever damals, und mir reichte es wirklich, Hector, den Hund, und Kate, die Katze, in meinem kleinen Wagen hin- und herzukutschieren, und obendrein häufig auch noch einen Gast oder mehrere Gäste, die über das Wochenende zu Besuch kamen.

Ein häufiger Wochenendgast war Constance Carey, die sich stets für einen Hundemenschen gehalten hatte. Doch Kates starke Persönlichkeit beeindruckte sie derart, daß sie bei einem Besuch in Connecticut eine kleine Farmkatze, die sich bei Temperaturen unter dem Gefrierpunkt gegen eine Kellertür drückte, mit nach New York nahm. Von dem Tag an kam Connie an den Wochenenden in Begleitung von Pickles nach Go Well.

An einem dieser Wochenenden gingen Connie und

ich in der Nachbarstadt Chester ins Kino, und als wir nach Ende des Filmes in die kalte Nacht hinaustraten, bemerkten wir eine Katze, die sich mit vernehmlichem Maunzen den paarweise zu ihren Wagen gehenden Menschen näherte, als suche sie nach ihren verlorengegangen Besitzern. Wir waren die letzten, an die sie sich wenden konnte. Der Parkplatz war leer. Sämtliche Geschäfte waren dunkel. Die Nacht war bitterkalt. Die Katze, ein langhaariges, kararmelfarbenes Tier, sprach ängstlich und drängend auf uns ein, als wir uns bückten, um sie zu streicheln. Wir hoben sie hoch, und sie wehrte sich nicht. Wir setzten sie in den Wagen und warteten, ob sie hinausdrängen würde. Wir ließen den Motor an und warteten wieder. Der Kater fühlte sich zwar merklich unbehaglich, schien aber nicht unglücklich, und sein Verhalten ließ in jeder Hinsicht darauf schließen, daß er uns inmitten seines persönlichen Sturms als akzeptablen Hafen betrachtete. Auf dem Heimweg meinte Connie, die wußte, daß ich auf keinen Fall eine zweite Katze haben wollte, falls wir die Besitzer nicht ausfindig machen könnten, mache es ihr nichts aus, das Tier zu sich zu nehmen, denn es scheine lieb zu sein und sauber. Bei richtiger Ernährung werde es sich zweifellos als wunderschön entpuppen. Am nächsten Tag riefen wir bei der Polizei und bei der Humane Society (dem Tierschutzverein) an und hinterließen sowohl unsere Telefonnummern auf dem Land wie die in der Stadt, aber niemand vermißte eine karamelfarbene Katze, und somit hatte Connie eine zweite, und die Katze hatte einen Namen – Chester, zu Ehren der Stadt, in der wir sie gefunden hatten.

Als wieder eine Katze auftauchte, die ein Heim brauchte, kam niemand anderer als ich in Betracht, um das Tier zu nehmen. Ich wurde meinem Entschluß, es bei einer zu belassen, untreu. Das gleiche passierte noch einmal. Und dann noch einmal. Schließlich transportierte ich vier Katzen und dazu noch einen Hund zwischen Stadt und Land hin und her, und das war so lästig, daß es bei meiner Entscheidung zugunsten des Landlebens durchaus eine Rolle spielte.

Man selbst betrachtet sich nie als eine Zahl in der Statistik, doch als die Demographen meldeten, die Mittelschicht ziehe zunehmend aus den Städten aufs Land, wurde mir bewußt, daß ich diesem wachsenden Prozentsatz angehöre. Ich hatte New York immer geliebt und nie daran gedacht wegzuziehen, aber plötzlich hatte ich das Gefühl, als sei ein kritischer Punkt erreicht, als befände sich in der Menschenmenge auf den Straßen eine Person zuviel, als hätte diese eine Person zuviel eine explosionsartige Zunahme von Ellenbogen und Unhöflichkeit ausgelöst. Eines Nachmittags nach der Arbeit nahm ich Hectors Leine und ging mit dem Hund zum Hudson River, um mir den Sonnenuntergang anzusehen. Der West Side Highway war mit Autos verstopft. Die Luft war keine Luft zum Atmen, sondern bestand nur aus Auspuffgasen. Pausenlos dröhnten Hupen. Sehnsüchtig dachte ich an das grüne, friedvolle Land. Am darauffolgenden Wochenende stieg ich am Sonntagabend nicht in meinen Wagen, sondern ging in Go Well zu Bett. Am Abend darauf ebenfalls, und am nächsten wieder.

Ich stellte fest, daß mir die Stadt nicht fehlte. Ich merkte, daß ich auf dem Land arbeiten konnte. Ich nagelte ein paar Stufen zusammen für eine Treppe in den ersten Stock eines alten Hühnerstalls und richtete mir dort oben unter dem spitz zulaufenden Dach einen Arbeitsplatz ein. Wenn ich jetzt von meinem Schreibtisch aufsah, sah ich keine Ziegelmauern vor mir, sondern die Wipfel der Bäume und am Himmel treibende Wolken, und beendete ich mein Tagespensum an Arbeit, trat ich hinaus in die Natur, nicht in eine beklemmende Atmosphäre, in Feindseligkeit und Hektik. Ich probte das Alleinsein, blieb den ganzen Sommer über, den Herbst in den Winter hinein, und als ich Freunde gefunden und sich das Landleben eingespielt hatte, war das für mich die Bestätigung für meine Entscheidung, in Go Well zu leben.

Ein Jahr später gab es Schwierigkeiten in der Eigentumswohnanlage, in der Connie in New York wohnte, und ich schlug ihr vor, sie solle es doch ebenfalls mal mit dem Landleben versuchen. Pickles und Chester kamen mit und blieben in Go Well, und Connie pendelte über ein Jahr lang in die Stadt. Da ihr aber das Landleben ebenso gut gefiel wie mir, verlegte sie schließlich ihre Praxis als Psychotherapeutin in eine Stadt in der Nähe, und die Migrationsstatistik erhöhte sich um eine weitere Zahl.

Katzen sind wunderbare Gefährten, allerdings nicht für lange Spaziergänge, deshalb holten wir, als Hector mit vierzehn Jahren gestorben war, Freebie, eine mittelgroße, schwarz-braun-weiße Hündin mit seidigem Fell aus dem hiesigen Tierheim. Freebies früherer Besitzer hatte angegeben, sie liebe Katzen, was sich als richtig herausstellte, aber die Katzen zeigten sich nicht daran interessiert, ihre Zuneigung auf die Probe zu stellen und ignorierten den Hund. Das änderte sich erst, als Bitty kam.

Bitty war Katze Nummer sieben. Es ist inzwischen einige Jahre her, daß er mich zum Nachdenken über die einzig wirklich wichtige Frage anregte: Wie lebt man ein Leben? Auf der Suche nach einer Antwort auf diese Frage fahren andere Menschen zur See oder besteigen den höchsten Gipfel des Himalaja, aber ich bin keine Abenteuernatur, und so suchte ich hier, am Ufer des Südarmes des Raritan River, nach einer Antwort und nahm mir die Katzen als Beispiel, denn ich war überzeugt, an ihrem unverfälschten Verhalten leichter erkennen zu können, welche Verhaltensweisen sich bewähren und welche nicht, anstatt zu versuchen, aus dem komplexeren Verhalten von Menschen Rückschlüsse zu ziehen. Ich bin mir nicht absolut sicher, ob ich völlig mit Carl Van Vechten einer Meinung bin, der sagte, »Katzen besitzen tatsächlich keine einzige Eigenschaft, der die Menschen nicht zu ihrem Vorteil nacheifern könnten«. Aber ich bin davon überzeugt, daß wir von diesen wundervollen Geschöpfen sehr viel lernen können.

Bitty

Bitty erschien aus heiterem Himmel. An einem eisigen Thanksgiving-Tag hatten meine drei Gäste, Connie und ich beschlossen, nach dem Essen einen Spaziergang zu machen, obwohl die Temperatur draußen gerade mal klirrende minus fünfzehn Grad Celsius betrug. Wir gingen die kleine Straße hinauf, die an Go Well vorbeiführt, einen stillgelegten Bahnübergang überquert und zuerst allmählich, dann immer steiler aus dem Tal ansteigt. Auf halbem Weg durchschneidet ein befestigter Feldweg den Hügel, und auf diesen Weg bogen wir ab. Im Gehen versuchten wir so zu atmen, daß wir die beißend kalte Luft möglichst nicht zu tief in die Lungen sogen. Freebie, der Hund, lief voraus. Plötzlich schoß unter lauten Freudenschreien ein junges Kätzchen aus dem Gestrüpp neben der Straße und rannte auf den Hund zu. Freebie sträubte zuerst das Fell und bellte, aber die unverhüllte Freundlichkeit des Kätzchens entwaffnete sie, sie wedelte mit dem buschigen Schwanz und senkte den Kopf, damit sich das um sie herumtanzende Kätzchen an ihrer Schnauze reiben konnte.

Nachdem das Kätzchen den Hund begrüßt hatte, kam es zu uns gelaufen und miaute laut seine Freude hinaus, endlich nicht mehr in der Winterlandschaft allein zu sein. Connie hob das kleine Geschöpf hoch und steckte es vorne in ihre Daunenjacke. Sofort streckte der kleine Kater den Kopf oben über den Reißverschluß und schaute uns alle vergnügt an. Seine Augen leuchteten, sein Fell war sauber und glatt, und er machte einen gutgenährten Eindruck. Offensichtlich war er noch nicht lange auf sich allein gestellt. So fix und klein wie er war, vermuteten wir, er müsse durch eine Tür entwischt sein, die vielleicht nur für einen Augenblick offengestanden hatte, als seine Leute Thanksgiving-Gäste verabschiedeten, und in seinem Überschwang sei das Katerchen zu weit weggelaufen und fände nicht wieder nach Hause. Wir klopften an die Türen der wenigen Häuser, die entlang der Straße standen. Aber nein, nirgendwo wurde ein Kätzchen vermißt; niemand kannte den kleinen Kater.

»Du lieber Himmel, jetzt habt ihr sieben Katzen«, meinte Peter, einer unserer Gäste, als wir nach dem letzten in Frage kommenden Haus unverrichteter Dinge den Rückweg antraten.

»Auf gar keinen Fall«, widersprach Connie.

»Niemals«, pflichtete ich ihr bei. »Sechs reichen wirklich. Sechs sind schon zuviel. Der Kater kommt morgen zur Humane Society.«

Den ganzen Weg den Hügel hinunter wanderten die leuchtenden Knopfaugen des kleinen Katers, während wir schwatzten, vom einen zum anderen, als würde er interessiert unserer Unterhaltung lauschen, und wann immer eine Gesprächspause eintrat, sprach er. Sein Miau klang verstümmelt, er schien die erste Silbe zu verschlucken, so daß lediglich so etwas wie »Au« herauskam, allerdings das »Au« eines Rocksängers: »Wow-ow«, manchmal sogar »Wow-ow-ow!« Zweifellos betrachtete der Kleine dies als seinen Beitrag zur Unterhaltung, und verblüffenderweise erweckte er dadurch nicht den Eindruck eines einsamen, verlassenen Geschöpfs, sondern einer selbstbestimmten, eigenständigen Persönlichkeit.

Zu Hause legten wir ein Badetuch in einen Korb, den wir auf eine Küchenkommode stellten, und setzten das Kätzchen hinein. Nach einem kleinen Truthahnimbiß rollte es sich brav zusammen und schlief. Und schlief, während wir uns von unseren Gästen verabschiedeten, und schlief bis in den Abend hinein. Als ich später in die Küche ging, um Sandwiches zu richten, streckte der Kleine den Kopf über den Rand des Korbes, und wir unterhielten uns, während ich Butterbrote schmierte.

»Hast du gut geschlafen?« erkundigte ich mich. »Hast du Hunger? Möchtest du noch ein bißchen Truthahn?« Auf jede meiner Bemerkungen antwortete er: »Wow-ow«, entschlossen, fragend, mitfühlend oder inbrünstig, je nachdem, wie es ihm angemessen schien. Er amüsierte mich außerordentlich, und ich setzte meinen Beitrag zum Dialog fort, weil ich wissen wollte, wann ihm die Sache langweilig werden würde. Aber sobald ich schwieg, weil ich etwas aus dem Kühlschrank holte, lenkte er, kaum daß ich wieder an den Küchentresen zurückgekehrt war, meine Aufmerksamkeit erneut auf sich und stellte unmißverständlich eine Frage: »Wow-ow?«

»Du meine Güte«, sagte ich zu ihm, »für so ein kleines bißchen Katze bist du wirklich sehr gesprächig.«

Begeistert stimmte er mir zu: »Wow-ow!«

Nacheinander trudelten die ansässigen Katzen zum Abendessen ein, und das Katerchen kletterte aus dem Korb, um sie zu begrüßen. Selbstverständlich reagierten sie mit Entrüstung, Rücken buckelten, Schwanzhaare sträubten sich, und Trot streckte den Neuankömmling mit einem entschiedenen Tatzenhieb zu Boden. Der Kleine rappelte sich auf, schüttelte sich, um einen klaren Kopf zu bekommen, und tapste munter wieder drauflos. Dieses Mal fixierte ihn Pickles mit einem bösartigen Blick und knurrte. Das Katerchen ging respektvoll zu Boden, doch sein Gleichmut blieb ungebrochen, und sobald sich Pickles entspannt hatte, marschierte er vergnügt weiter. Wie schon auf Freebie wirkte seine unverhüllte Freundlichkeit auch auf andere entwaffnend. Sweet William rückte beiseite, um ihm Platz zu machen, und der Kleine schloß sich der Reihe der Katzen an ihren Futternäpfen an.

Seit damals habe ich mich oft an diese kleine Szene erinnert, und zwar stets dann, wenn ich mich als Außenseiter in einer Gruppe befand. Bis zu diesem Erlebnis stand ich meist wie angewurzelt in einer Ecke und wartete schüchtern und befangen, bis mich jemand bemerkte, mich ansprach, mich freundlich aufnahm. Aber inzwischen habe ich die Erfahrung gemacht, daß es weit besser ist, sich an Bitty zu orientieren und unbefangen auf andere zuzugehen, Signale guten Willens auszusenden, ohne zu warten, bis die anderen Akzeptanz signalisieren, Interesse an anderen zu zeigen, ohne zu warten, bis sie sich für mich interessieren. Das Risiko, abgelehnt zu werden, ist nicht besonders groß, nicht größer als für Bitty. Sicher, Trot hat

Bitty einen Hieb verpaßt, und Pickles ließ ihn mit einem Blick erstarren, und ja, auch mir hat man frostige Blicke zugeworfen und die kalte Schulter gezeigt. Ebenso wie Bitty zögere ich dann kurz, aber einen Moment später, sobald mich ein liebenswürdigerer Mensch anlächelt, mich anspricht und mir Platz im Kreis macht, ist der unangenehme Zwischenfall vergessen.

Für Bitty immerhin zahlte sich seine Herzlichkeit, Freundlichkeit und sein Interesse aus. Am nächsten Morgen hatte er einen Namen – Bitty, eine Ableitung von »so ein kleines bißchen Katze« –, und wir dachten nicht mehr daran, ihn dem zweifelhaften Schicksal einer Tierheimkatze auszusetzen. Durch die Beharrlichkeit, mit der er sich bemühte, mit uns Kontakt aufzunehmen, hatte er unsere Aufmerksamkeit und bald unsere Zuneigung gewonnen. Es weckt Sympathie, wenn eine Katze – oder ein Mensch – gerne kommuniziert, kommunizieren möchte, und sich um Kontakt bemüht; gegenteiliges Verhalten hat Gleichgültigkeit zur Folge.

Was sein Aussehen anging, war der getigerte Bitty nicht übermäßig attraktiv, eher reizlos, aber es ist erstaunlich, wie Äußerlichkeiten an Bedeutung verlieren, ja kaum noch ins Gewicht fallen, sobald andere positive Eigenschaften zum Vorschein kommen. Auf einer Hotelterrasse auf den Bermudas machte ich einmal die Bekanntschaft einer älteren Dame, die ich wegen ihrer fahlen, kränklichen Haut und den dunklen, tief eingegrabenen, bis zu den Wangen reichenden Ringen unter den Augen – wie ich später erfuhr, die Folge eines Leberleidens – für eine der reizlosesten Frauen hielt, die ich je kennengelernt hatte. Rein äußerlich war sie nicht gerade ansprechend, aber schon nach kürzester Zeit lächelte ich über eine geistreiche Bemerkung von ihr und, animiert von ihren Fragen und Kommentaren, entspann sich eine angeregte Unterhaltung zwischen uns, in deren Verlauf sie mir zunehmend sympathischer wurde. Sich für jemanden zu erwärmen, ist nur eine Redensart, doch ein Mensch, der aus sich herausgeht und Interesse zeigt, sorgt in seiner Umgebung tatsächlich für eine warme, angenehme Atmosphäre.

Bitty war noch sehr jung, deshalb schlief er in den ersten Tagen, die er bei uns war, die meiste Zeit zusammengerollt in seinem Korb auf der Küchenkommode. Das war sein Platz, sein Refugium, das die Wintersonne, die schräg durch ein nahegelegenes Fenster einfiel, aufs Herrlichste erwärmte. Es war dort so gemütlich, daß er häufig Gesellschaft von einer der erwachsenen Katzen bekam und schließlich auch von einer praktisch enteignet wurde, nämlich von Socksie, einem liebenswürdigen älteren Herrn, der sich nach mageren Streunerjahren den Zugang ins Haus erschlichen hatte, in den vorgezogenen Ruhestand eingetreten war und sich eine beeindruckende Leibesfülle angefuttert hatte. Seine Rundlichkeit verursachte ihm logistische Probleme beim Entern des Korbes, denn er mußte gleichzeitig unter dem Henkel durch und sich in den Korb hineinschieben. Unter lautem Schnurren, vielleicht um Bitty zu warnen, daß er im Begriff war, einzusteigen, drehte und wendete sich Socksie und versetzte mit seinen Verrenkungen den Korb in heftiges Knirschen, bis er sich endlich so eingerichtet hatte, daß möglichst wenig von seinem Körper über den Korb hing. Kurz bevor der große Kater sich endgültig niedersinken ließ, schaffte es Bitty stets, sich unter ihm durchzuschlängeln und es sich in der Krümmung von Socksies Körper wieder gemütlich zu machen. Dann legte Socksie die Pfote, die sich gerade zuoberst befand, über Bitty, und die beiden dösten gemeinsam in der Sonne.

Aber sobald etwas los war im Haus, war Bitty hellwach und dabei, neugierig und aktiv. Er lernte rasch, sich auf unter den Decken versteckte Dämonen zu stürzen, wenn ich das Bett machte. Spülte ich Geschirr, platzten seiner Überzeugung nach die Seifenblasen ausschließlich zu seinem Vergnügen, und daß ich einen Staubwedel schwang, geschah nur, damit er Gelegenheit hatte, seine Fähigkeiten zum Vogelfangen zu trainieren. Weit mehr als Connie bezauberte mich Bittys Fröhlichkeit und sein Mitteilungsbedürfnis – sie fühlte sich mehr von Chesters Zurückhaltung und Pickles' Temperament angezogen –, und so kam es, daß ich viel Zeit mit ihm verbrachte, und Bitty und ich ein enges Verhältnis entwickelten. Nahm Connie ihn hoch, drehte er den Kopf, um zu sehen, wo ich war, krabbelte aus ihren Armen und sprang über die Tische auf meinen Schoß. Ging ich aus dem Zimmer, marschierte er hinter mir her, die Augen funkelnd vor Neugier, wo ich jetzt wohl hinginge und was ich vorhatte.

Freebie war ebenso bezaubert von Bitty wie ich. Verständlicherweise reagierte sie die ersten paar Mal mit Verunsicherung, als Bitty unvermutet hinter einem Stuhl hervorsprang, hinter dem er sich versteckt hatte, und auf ihr Hinterbein losging. Aber sie merkte bald, daß das ein Spiel sein sollte, und spielte mit, das heißt, sie schleifte den sich an ihr Hinterbein klammernden Bitty über die ganze Länge des Wohnzimmerteppichs hinter sich her. So gut gefiel ihr dieses Spiel, daß sie Bitty, wenn sie ins Wohnzimmer kam und ihn schlafend vorfand, mit der Schnauze anstupste, um ihn aufzuwecken, sich dann umdrehte und ihm ihr Hinterbein hinhielt, damit er sich daran festklammerte und von ihr schleppen ließ. Ging Bitty nicht auf ihr Angebot ein, stupste sie ihn fortwährend und rollte ihn schließlich herum, bis er gegen ihre Schnauze kämpfte. Freebie wich, den Kopf vor- und zurückwerfend, seinen Angriffen aus, und schon war das Spiel im Gang, ein freundschaftlicher Ringkampf, in dem Bitty haute und boxte, aber niemals seine Krallen ausfuhr, und Freebie mit den Zähnen ein Beinchen oder ein Stück Hinterteil zu fassen bekam und den betreffenden Körperteil schüttelte, aber nie Ernst machte.

Teilweise mag die Zuneigung des Hundes zu Bitty auf Dankbarkeit beruht haben. Freebie befand sich zwar schon im mittleren Hundealter, war aber fast noch ein Neuzugang im Haus, denn sie war erst ein paar Monate vor Bitty zu uns gekommen. Mit Engelsgeduld hatte sie monatelang immer wieder versucht, mit den erwachsenen Katzen Freundschaft zu schließen, jeden nur denkbaren guten Willen gezeigt und Friedensbereitschaft demonstriert, um diese zu überzeugen, daß sie nichts weiter wollte, als von ihnen akzeptiert zu werden. Trotzdem war sie eine recht einsame Außenseiterin geblieben, deren einzige Freundinnen Connie und ich waren.

An Connie, die maßgeblich dafür verantwortlich war, daß wir sie zu uns geholt hatten, hing sie besonders. Connie hatte Freebies Bild in der örtlichen Tageszeitung gesehen, die jede Woche ein Foto heimatloser, bei der Humane Society untergebrachter Katzen und Hunde in der Hoffnung veröffentlichte, ein paar Leser würden so reagieren wie Connie, nämlich ein Foto sehen und spontan sagen: »Das ist genau das Tier, das ich immer haben wollte.« Die Leute von der Humane Society erzählten uns Freebies Geschichte. Sie hatte einem Mann gehört, der ihr den Namen Sugar gab, sie sehr gern hatte und entsprechend verwöhnte, doch dann verliebte sich der Mann in eine Frau und hatte keine Zeit mehr für Sugar, die auf diese Zurücksetzung gereizt und mit heftiger Eifersucht auf seine Verlobte reagierte. Ihre Eifersucht kostete Sugar ihren guten Platz. Der junge Mann hatte sie kunstgerecht gebadet, gebürstet, getrimmt und mit einem gelben Band herausgeputzt, damit sie so hübsch wie möglich aussah, wenn neue Leute sich einen Hund aussuchten, und sie bei der Humane Society abgegeben.

Connie und ich gingen hin, um Sugar kennenzulernen. Kaum traten wir durch eine Tür in den Zwingerbereich, da ertönten von allen Hunden ohrenbetäubende Bitten um Aufmerksamkeit. Außer von Sugar. Still saß sie auf dem Betonboden genau in der Mitte des von einem Drahtzaun umgebenen Auslaufs. Ich blieb stehen, um einen Golden Retriever zu streicheln, und beobachtete die Szene, die sich vor dem Zwinger abspielte. Sugar sah Connie ausdruckslos an. Der Hund schien in einer Art Schockzustand, als sei der Schmerz über die Trennung von allem, was ihm vertraut war, so unerträglich groß, daß er nur überleben konnte, wenn er sich völlig still verhielt, so wie ein verletzter Mensch aus Angst, bei einer Bewegung eine Schmerzattacke auszulösen, regungslos liegenbleibt. Dreißig Hunde bellten, sprangen am Zaun hoch und stellten sich auf die Hinterbeine, um ihre Nasen durch die Gitter zu schieben und unsere Aufmerksamkeit auf sich zu lenken, aber Sugar sah Connie nur an.

Ich ließ den Retriever zurück und trat neben Connie an den Zwinger. Ich mag am liebsten große Hunde mit kantiger Schnauze und üppigem Fell, und hätte es allein an mir gelegen, dann hätte ich mich für den Retriever entschieden, aber ich mußte zugeben, dieser Hund, der etwa die Größe eines Bordercollies hatte, war wirklich hübsch, und vermutlich war es bei den vielen Katzen ganz gut, keinen so großen Hund wie den Retriever zu nehmen. Während wir uns unterhielten und dabei Sugar ansahen, begannen ihre Augen ein wenig zu leuchten, und sehr langsam, sehr zaghaft, wedelte sie mit der Schwanzspitze. Nur mit der Spitze. Nur einmal.

Connie kauerte sich nieder. »Komm«, lockte sie. »Komm her und schau, ob du uns leiden magst.« Erst nach weiteren Überredungskünsten näherte sich Sugar und beschnüffelte Connies Hand. Ihre Schwanzspitze wedelte noch einmal. »Ja, das ist der richtige Hund«, entschied Connie.

Und so nahmen wir Sugar mit nach Hause. Keine von uns mochte diesen Namen. Während wir über einen anderen beratschlagten, hörten wir den Ruf eines Fliegenschnäppers, der sein Nest oben in einem Pfeiler der Veranda hatte und oft vorne auf der Telefonleitung saß: »Phoebe! Phoebe!« Connie meinte, Phoebe passe gut zu unserem schüchternen Hundemädchen. Am nächsten Tag kam durch einen Versprecher Freebie heraus, und da wir sie tatsächlich als Freebie, das heißt gratis, bekommen hatten, blieb es dabei.

Anfangs hatte Freebie verzweifelte Angst, etwas falsch zu machen oder im Weg zu sein; sie verkroch sich, drückte sich in die Zimmerecken und versteckte sich, sobald jemand an die Tür kam. Aber eines Tages erwischte es sie völlig unvorbereitet, sie wurde überrumpelt und zu ihrer eigenen Überraschung bellte sie wütend einen Fremden an. Danach schien sie überzeugt, dies sei ihr Haus, das sie beschützen müsse, und wir ihre Leute, zu denen sie gehöre. Langsam kehrte Freude in ihr Wesen zurück. Ging sie mit Connie spazieren, marschierte sie nun munter mit hocherhobenem Kopf los, und ihr buschiger Schwanz, den sie zuvor meist zwischen die Beine geklemmt hatte, schwang sich jetzt in elegantem Bogen über ihren

Rücken. Ein Rest Schüchternheit und Ängstlichkeit blieb, damit mußte man sich abfinden, vielleicht war das ein grundlegender Wesenszug. Soweit wir feststellen konnten, gab es nur einen einzigen Wermutstropfen in ihrem neuen Leben, und das waren die Katzen, die zwar begriffen, daß keinerlei Gefahr von ihr ausging, aber nicht dazu zu bewegen waren, sie gernzuhaben. Sie durfte nicht mit ihnen spielen und nicht bei ihnen schlafen. Immer wieder nahm Freebie einen Anlauf, um sich ihnen anzuschließen, und immer wieder kehrten sie ihr den Rücken und ließen sie mit ihrem wehmütigen Blick stehen.

Bitty brachte das in Ordnung, und Freebie lebte wieder in einer heilen Welt. Sie liebte das Katerchen – wachte über das kleine Tier, ließ den Schwanz auf dem Boden hin- und herzucken, damit es damit spielen konnte, und verhielt sich gewissenhaft still, wenn es den Kopf an sie bettete und schlief. Besteht zwischen Tieren eine ähnliche Anziehungskraft wie zwischen Menschen? Meiner Meinung nach ja, ebenso zwischen Tier und Mensch. Eine Frau, die bereits sieben Katzen und vier Dackel hatte, erzählte mir, sie habe eine Burmakatze gekauft, die sie wahrhaftig nicht brauche und sich obendrein kaum leisten könne, aber ihr Blick sei wie magisch angezogen am Schaufenster der Tierhandlung, in dem die Katze saß, hängengeblieben. Sie sagte: »Ich wußte, zwischen uns beiden besteht eine besondere Beziehung.« Diese Frau war nicht gerade die Klügste, aber in diesem Fall hatte sie, glaube ich, recht. Bitty und Freebie verband eine besondere Beziehung, ebenso wie Bitty und mich.

Abgesehen von allem anderen, entzückte mich Bittys Fröhlichkeit. Wie sehr ich Fröhlichkeit schätzen gelernt hatte, wurde mir erst bewußt, als ich wegen der häufigsten Zivilisationskrankheit – Rückenschmerzen – einen Chiropraktiker aufsuchen mußte. Es war an einem Montag nach einem völlig verregneten Wochenende. Der gute Mann ließ seine Daumen auf meinem Ischiasnerv kreisen, machte belanglose Bemerkungen über das Wetter und fügte schließlich mit einem tiefen Seufzer hinzu: »Ah, aber wenn man verliebt ist, ist einem das Wetter egal.« Ich intonierte so viele zustimmende und beipflichtende Laute, wie es einem möglich ist, wenn man auf dem Bauch liegt, und spontan fiel mir der Satz ein: »Liebe, alles gut und schön, mein Bester, aber heirate das Mädchen nicht, wenn es nicht fröhlich ist.«

Möglich, daß ich so großen Wert auf Fröhlichkeit lege, weil ich lange mit Menschen zu tun hatte, die die Welt hauptsächlich durch eine grau gefärbte Brille betrachteten, die sich ohne jede Leichtigkeit bewegten, die jeden Tag ohne besondere Freude begannen und die es nicht verstanden, die kleinen Freuden des Alltags zu genießen. War ein Ausflug geplant, war nicht die Rede von der schönen Landschaft, die einen am Ziel erwartete, sondern es ging darum, wie groß die Wahrscheinlichkeit war, unterwegs in einen Verkehrsstau zu geraten. Wurde beschlossen, wegen eines eventuellen Staus lieber zu Hause zu bleiben, war diese Aussicht nicht weniger trübe, denn das bedeutete Konfrontation mit all jenen prosaischen Hausarbeiten, die erledigt werden mußten. Das Leben bestand für diese Menschen im Grunde aus einer Abfolge von möglichen Fehlschlägen.

Dabei handelte es sich nicht um im klinischen Sinne depressive Menschen; sie waren attraktiv, kompetent und tüchtig, und in ihrem Pessimismus unterschieden sie sich in nichts von den meisten Menschen, denn die meisten von uns stehen dem Leben mit dieser leicht depressiven Einstellung gegenüber. Eine heitere Lebensanschauung ist die seltene Ausnahme. In einem Gespräch schnappte ich einmal die wehmütige Bemerkung eines Psychoanalytikers auf, er beneide Menschen mit einer angeborenen Hypomanie, das heißt Menschen, die gerade so manisch sind, daß sie Merkmale wie gutgelaunt und optimistisch aufweisen. Damals war ich noch so jung, daß ich für diese Bemerkung nur Verachtung empfand, denn meiner Ansicht nach zeugte Pessimismus von Tiefsinn, Fröhlichkeit dagegen von Seichtheit. Trübsinnigkeit war ein Zeichen für einen ernsthaften, intellektuellen Charakter, während Heiterkeit den Verdacht auf Oberflächlichkeit nahelegte. Ich weiß nicht mehr, wann mir klar wurde, daß das Unsinn ist. Vielleicht dämmerte es mir nach und nach, als ich miterlebte, wie Pessimismus einem Leben allmählich jegliche Farbe, jegliches Interesse und jeglichen Elan entzog, und wie selten die ständig prophezeiten Schwierigkeiten tatsächlich auch eintraten, und wenn doch, wie leicht sie zu bewältigen waren.

Die Menschen, die alles in düsteren Farben sehen, bezeichnen sich gern als realistisch, nicht als pessimistisch. Aber sie können ein unangenehmes Ereignis richtig voraussehen, und trotzdem kann sich der Pessimismus in der Realität als ungerechtfertigt erweisen. Zu bestimmten Zeiten zum Beispiel können sie mit fast absoluter Sicherheit einen Verkehrsstau voraussagen und damit nicht nur recht behalten, sondern es kann passieren, daß die Realität ihre düstere Prognose noch weit übertrifft. Zweien von uns ist das an einem glühendheißen Sommertag auf der Long-Island-Autobahn passiert. Wir fuhren an einem Freitagnachmittag los, um das Wochenende bei Freunden zu verbringen. Auf dieser Ausfallstraße lief der Verkehr immer zähflüssig, ein Stau lag stets in der Luft, und prompt wurde die Autoschlange langsamer, bald ging gar nichts mehr. Später erfuhren wir, daß vor uns ein Lastwagen, der Mayonnaisekisten geladen hatte, umgestürzt war. Die Straße war spiegelglatt, zahlreiche Autos waren ineinander gefahren. Wurden wir in den vier Stunden, die wir dort gefangen saßen, hysterisch oder wütend, verzweifelten wir? Überhaupt nicht. Wir machten Wortspiele. Wir sangen. Wir öffneten die Tüten und Päckchen mit dem Proviant, der eigentlich als Beitrag für das Wochenende gedacht war, und veranstalteten ein Picknick mit Stiltonkäse, Würstchen, Baguette, Weintrauben und Erdbeeren. In der Vorstellung ist eine derartige Situation schrecklich, tritt sie dann aber tatsächlich ein, nimmt man die Dinge, wie sie eben kommen.

In einem Verkehrsstau steckenzubleiben, ist natürlich kein großes Drama. Aber das Leben besteht hauptsächlich aus Kleinigkeiten, und wie diese gedanklich vorweggenommen und wie mit ihnen umgegangen wird, ist erheblich mitentscheidend dafür, ob der Alltag als erfreulich, als langweilige Schinderei oder gar als tatsächlich schrecklich erlebt wird. Hinzu kommt, daß die Einstellung gegenüber kleinen Pannen Rückschlüsse auf den Umgang mit wirklich großen Problemen zuläßt. Heitere Menschen finden leichter Auswege aus einer Krise. Die Katastrophe trifft weder so tief noch dauert deren Überwindung so lange wie bei einem Menschen, der davon überzeugt ist, ein Unglück ziehe zwangsläufig das nächste nach sich, und der damit sogar recht behalten könnte, denn Schwarzseherei trägt selten zur Problemlösung bei.

Ich habe mich manchmal gefragt, ob Bitty an jenem Thanksgiving-Tag auf der Straße ausgesetzt wurde. Es scheint undenkbar, daß jemand ein munteres und liebenswertes Geschöpf derart grausam behandeln kann, aber nehmen wir an, Bitty war unerwünscht und wurde abgeschoben. Wäre er eine Katze gewesen, die alles in düsterem Lichte sieht, wäre er kaum aus dem Dickicht gestürmt, als wir vorbeikamen, denn er hätte nicht auf die Freundlichkeit von Fremden vertraut. Statt dessen hätte er sich im Gestrüpp verkrochen und wäre erfroren. Falls er zwar auf sich aufmerksam gemacht, sich aber teilnahmslos und niedergeschlagen verhalten hätte, wäre er am nächsten Tag bei der Humane Society abgeliefert worden, und das hätte ihn natürlich erneut in seinem Glauben bestärkt, die Welt sei ein entsetzliches Jammertal und sein Pessimismus voll und ganz berechtigt. Aber Bitty war fröhlich, und wie gesagt, ein heiteres Gemüt trägt bereits die Tendenz zu einer guten Lösung in sich.

Sind Sie selbst glücklich, bringen Sie Freude in das Leben anderer, und die Menschen sind gerne mit Ihnen zusammen; das wiederum hat einen positiven Einfluß auf Ihre eigene Lebensfreude und führt letztendlich dazu, daß Ihr Leben kaum Ähnlichkeit hat mit der rein sachlichnüchternen, beschwerlichen Sache, als die es so viele Menschen abspulen.

Seit ich aufs Land gezogen bin, habe ich eine Freundin, die inzwischen neunzig Jahre alt ist. Nachdem sie vor einem Jahr mit ihrem Wagen den Seitenspiegel eines Lastwagens mitgenommen hatte, wurde ihr der Führerschein entzogen, und sie war plötzlich, wie sie sich ausdrückte, »stillgelegt«. Da sie auf einem über drei Hektar großen Grundstück wohnt und ihr Haus nur über einen langen, kurvenreichen Weg zu erreichen ist, hätte diese dumme Geschichte das Ende ihres gesellschaftlichen Lebens einläuten können. Aber im Gegenteil, ihren Freunden – allesamt ein, zwei, sogar drei Generationen jünger als sie – ist es nie zuviel, bei ihr vorbeizufahren und sie mitzunehmen, sei es auf einen Einkaufsbummel, einen Rundgang durch den Garten oder einfach zu einem Besuch auf ein Glas Eistee. Ich hole Alice immer ab, wenn ich Besorgungen machen muß. Sie ist eine wundervolle Begleiterin, immer gut aufgelegt und an allem interessiert, auch wenn wir nichts Aufregenderes vorhaben, als in einem Haushaltswarengeschäft herumzustöbern, nach Stoffen zu suchen oder Tapetenbücher durchzublättern. Sie sagt ihre Meinung, sie geht auf einen ein, sie stellt Fragen und hat Freude an Farben, Formen und Materialien. Wir schwatzen pausenlos und lachen viel. Alices Fröhlichkeit ist der Grund dafür, daß sie noch mit neunzig Jahren viele Freunde und oft Gesellschaft hat, also ein ganz anderes Leben führt wie die meisten alten Menschen, die sich über Einsamkeit und Isolation beklagen.

Muß ich noch erwähnen, daß sich meine neunzigjährige Freundin einer ausgezeichneten Gesundheit erfreut? Fraglos fällt es schwer, fröhlich zu sein, wenn man sich nicht wohl fühlt. Betrachtet man allerdings den Zusammenhang von Gesundheit und Fröhlichkeit, ist schwer zu sagen, was Ursache und was Wirkung ist, denn immer mehr Forschungsergebnisse gelangen zu dem Schluß, daß eine auf Fröhlichkeit und Optimismus basierende Lebenseinstellung großen Einfluß auf die Stärkung des Immunsystems hat und zur Aufrechterhaltung der Gesundheit beiträgt. Es ist kein Zufall, daß eine meiner Freundinnen, die von ihrem Ehemann verlassen wurde und daraufhin eine dauerhafte Depression entwickelte, zwei Jahre später an Bauchspeicheldrüsenkrebs erkrankte. Wir alle bekommen ständig Krebs, das heißt, Zellanomalien oder -schädigungen treten häufig auf, werden jedoch normalerweise von der körpereigenen Abwehr bekämpft und unschädlich gemacht, bevor sich die Krebszellen vermehren und Kolonien bilden können. Eine Depression wirkt sich eben nicht nur auf das Gemüt aus, sondern beeinträchtigt auch das Immunsystem. Ein an einer Depression leidender Mensch kann nicht seine volle Arbeitsleistung bringen, und nicht anders ergeht es dem Immunsystem, das in einem solchen Fall seinen Dienst versagt, so daß die körperlichen Reaktionen außer Kontrolle geraten.

Bitty befand sich nicht auf der Suche nach dem Glück, als er damals aus dem Dickicht hervorstürzte und zu uns gelaufen kam. Er war auf der Suche nach Fressen, einem Dach über dem Kopf und Gesellschaft. Das Glück, das er bei uns fand, verdankte er sich selbst, denn er brachte es mit.

Ein Großteil von Bittys Lebensfreude basierte meiner Ansicht nach auf seinem regen Interesse an seiner Umwelt. Sicher, eine Katze hat nichts Besseres zu tun, doch mir scheint, ein Mensch auch nicht. Natürlich müssen wir uns mit unangenehmeren Dingen befassen als eine Katze, mit unseren eigenen Problemen zum Beispiel. Und um diese kreisen unsere Gedanken beständig, es sei denn, es gelingt uns, den Rat der Schriftstellerin Edith Wharton zu befolgen, und das Leben, das uns umgibt, am Schopf zu packen. Die Welt ist außerordentlich interessant. Die Menschen sind bemerkenswert. Damit uns das bewußt wird, müssen wir lediglich wach und aufgeschlossen sein, über das, was wir sehen und hören, nachdenken, über unsere persönlichen Grenzen hinausblicken, unseren Horizont erweitern.

Eine Freundin, die von Problemen schier erdrückt wird, besucht mich. Ich mache mit ihr einen Spaziergang über eine Landstraße und sage: »Sieh mal da drüben, die Wildenten auf dem Teich.« Sie wirft nur einen flüchtigen Blick hinüber und meint: »Ja, hübsch«, und beobachtet sofort wieder gespannt mein Gesicht, während sie nur eingehend ihre Probleme schildert. Als sie gegen Abend abfährt, spüre ich, wie enttäuscht sie ist, weil ich ihr nicht helfen und ihr nicht wenigstens einen Teil der Last abnehmen konnte. Vielleicht hätten die Enten mehr Erfolg gehabt. Hätte sie sie wirklich gesehen, hätte sie bei unserem Spaziergang die Welt um sich herum wahrgenommen, wäre es ihr vielleicht gelungen, ein wenig Abstand von den Problemen zu bekommen, die ihr unentwegt durch den Kopf gingen.

Die totale Beschäftigung mit der eigenen Person richtet großen Schaden an. Nehmen wir nur noch unsere eigenen Sorgen wahr, besitzen wir kaum Perspektiven und keinerlei Distanz dazu, und aus dieser Sicht betrachtet müssen die Probleme riesig wirken. Gehen wir aber von dem Platz aus, den wir in der Welt tatsächlich einnehmen, ändert sich unsere Perspektive, und wir betrachten uns als Teil von etwas Größerem, das einem natürlichen Rhythmus von Wachsen und Vergehen unterliegt; wir begreifen, daß wir lediglich ein Glied in einer Lebenskette sind, die sich hinter und vor uns ins Unendliche erstreckt. Sind wir uns dessen bewußt, erkennen wir die beiden nebeneinander existierenden Wahrheiten, nämlich daß unsere Probleme zwar für uns eine bedeutende Rolle spielen, ihnen aber in Wirklichkeit keine große Bedeutung zukommt.

Im Februar lockerte der Winter, der sich tyrannisch aufgeführt hatte, seinen Griff, und ich konnte hin und wieder ein paar Stunden draußen arbeiten. Im Februar macht die Gartenarbeit nicht viel Mühe; in Go Well besteht sie hauptsächlich im Beschneiden des Weins, dem Entwirren der langen Ranken und dem Zurückschneiden auf jeweils zwei Triebe. Zuerst beschäftigten Bitty die sich auf dem Boden türmenden Rankenberge, in seinen Augen Schlangen, die es anzugreifen galt, aber als er sich nicht mehr länger einbilden konnte, die Dinger seien lebendig, trollte er sich zu einer Mauer aus locker aufgeschichteten Steinen, kratzte darauf herum, und, den Geruch eines Backenhörnchens witternd, spähte er in die Ritzen, um so das Tier zu Gesicht zu bekommen. Beim Rankenschneiden behielt ich ihn im Auge, aber wenn er sich nicht bewegte, konnte ich ihn vor dem Hintergrund der Steine nicht ausmachen, ich mußte seinen Namen rufen und seine Antwort abwarten, »Wow-ow«. Damals begriff ich, warum getigerte Katzen so häufig vorkommen. Das gelblich-braun gestreifte Fell ist ein hervorragendes Tarnkleid vor Felsen, Baumstämmen, Laub und trockenem Gras.

Im Februar stand auch das Aufsammeln des Windbruchs an. Die Natur putzt gewaltig aus; Schnee, Wind und Regen reißen Zweige und Äste aller Größen herunter, schwaches, krankes und totes Holz wird unbarmherzig ausgesondert. Die Holztrümmer zusammenzutragen, war nicht gerade ein Heidenspaß, und mit Rücksicht auf meinen Rücken achtete ich darauf, mich nicht zu übernehmen und nicht allzuviel auf einmal zu machen. Hatte ich einen Armvoll zusammen, rief ich Bitty und ging am Fluß entlang in den Wald, um das Holz auf einen dort bereits angelegten Stapel zu werfen.

Der Wald wurde rasch zu Bittys Lieblingsplatz. Er tobte durch das raschelnde Laub, lief, getragen von seinem Schwung, fast zwei Meter an einem Baumstamm hinauf, sauste wieder herunter, sprang am Ufer von einem großen Stein zum anderen und guckte und schnüffelte in sämtliche Löcher. Ich nahm mir ein Beispiel an seinem Interesse an allem, was ihm in die Quere kam, und versuchte, statt nur allgemeine Eindrücke aufzunehmen, wahrhaft zu sehen. Es heißt, um wahrhaft zu sehen, müsse man vergessen, wie das, worauf man schaut, benannt wird, also verdrängte ich beim Blick auf das Wasser das Wort »Fluß«. Ich lehnte

mich an einen Baum und sah – auf eine Silberplatte an der Stelle, an der das Eis noch nicht gebrochen war, auf das knisternde Funkeln in den steinigen Seichtstellen, auf die Reflexe, die sich brachen und sich wieder zusammenfügten, auf den Zweig, der in den Fluß gefallen war und nun behende zum Meer getragen wurde oder, was noch wahrscheinlicher war, zu einer flußabwärts gelegenen Biegung, wo er Baustein eines stetig wachsenden Dammes werden würde, um den sich der Fluß vorsichtig seinen Weg bahnte und einen neuen Lauf suchte.

Ich versuchte nicht nur zu sehen, ohne die Dinge zu benennen, sondern auch zu hören, ohne die Laute zu identifizieren. Zweierlei war verblüffend: die Stille und der Lärm. Die Stille wurde mir zuerst bewußt, dann der Lärm, und zwar nicht nur die Laute des Waldes wie knarrende Äste und raschelndes Laub, sondern die von Menschen erzeugten Geräusche. Ein Toningenieur schilderte einmal, was ihm widerfuhr, als er eine Aufnahme machen wollte, auf der keinerlei von Menschen erzeugte Geräusche zu hören waren. Er reiste in entlegenste Waldgebiete und mußte feststellen, egal, wie fernab von jeglicher Zivilisation er sich auch befand, stets war das Brummen eines Flugzeugs oder das entfernte Kreischen einer Kettensäge zu vernehmen. Auf mein Fleckchen Wald traf das natürlich doppelt und dreifach zu. Ich fühlte mich wie in der Einsamkeit, aber als ich bewußt auf das achtete, was ich hörte, drängten sich meinen Ohren das beständige Summen der Autos von der anderthalb Kilometer entfernten Straße und das brummende Motorengeräusch der Düsenflugzeuge am Himmel auf.

Eines Tages lauschte ich wieder und erwartete, lediglich die mir inzwischen vertrauten Hintergrundgeräusche zu hören und im Vordergrund vielleicht eine von einem Baum herabfallende Nuß oder das harte Klirren eines Kieselsteins, an den Bitty stieß, doch es erklang ein neues Geräusch, etwas Unbekanntes, etwas Großes bewegte sich vorsichtig im Buschwerk über dem Fluß – ein Schritt, Abwarten, ein Schritt, Abwarten. Auch Bitty hörte es und drückte sich flach in eine Aushöhlung an einem gefällten Baum. Beide starrten wir wie gebannt auf das unruhig raschelnde Dickicht direkt über dem Fluß. Äste schwankten. Zweigen knackten. Die dichten Sträucher teilten sich gerade so weit, daß sich ein Kopf durchschieben konnte, und da, auf der anderen Seite des Flusses, lugte ein Hirsch hervor. Es war eine große Damhirschkuh mit Augen so tief und glänzend wie Ölteiche und Ohren, die ständig ihre Stellung änderten, um die Umgebung in jeder Himmelsrichtung zu überprüfen. Sie sah genau zu mir herüber, aber solange ich mich nicht rührte, identifizierte sie meinen starren Umriß offenbar nicht als menschliches Wesen.

Aber ich bewegte mich. Ein Insekt flog mir ins Gesicht, und unwillkürlich hob ich abwehrend die Hand. Die Hirschkuh war da, und in der nächsten Sekunde war sie weg. Wie die Grinskatze löste sie sich auf, und nur der sanfte Blick ihrer Augen blieb zurück. Bitty sah zu mir auf. »Ja, Bitty«, sagte ich, »das war vielleicht aufregend, was? Ein so schöner Hirsch.« Bitty schüttelte sich, als erwache er aus einem Traum.

Ein anderes Mal kam uns ein Waldmurmeltier entgegen. Gemächlich spazierte es den Weg entlang, und wie es so auf uns zu tapperte, erinnerte es in seinem Gehabe ein wenig an eine nette, leicht verwirrte alte Dame. Bitty versteckte sich hinter einem Baum und beobachtete das Tier, dann schoß er hervor und lief auf das unbekannte Wesen zu. Als das Murmeltier die Katze bemerkte, richtete es sich auf und setzte sich fest auf das Hinterteil, faltete gelassen die kurzen Vorderpfoten vor der Brust und inspizierte die Katze aus kurzsichtigen Augen. Bitty duckte sich und schlich näher und näher heran. Das Waldmurmeltier, das so gütig dreinblickte wie der Papst, hob eine Vorderpfote, vermutlich eine warnende Geste, die aber täuschend einem Segen ähnelte, blieb sitzen und segnete Bitty, der weiter vorschlich und sich dabei soweit wie möglich nach vorn streckte, gleichzeitig aber die Muskeln so anspannte, daß er jederzeit zurückspringen konnte, und schnüffelte. Er schnüffelte ausgiebig, sog mit zuckender Nase die aufgenommene Witterung ein, bis er eine Vorstellung bekam, wen er mit dem Waldmurmeltier vor sich hatte. Darauf zog er sich zurück, langsam wich er rückwärts. Das Waldmurmeltier ließ sich auf alle viere nieder und setzte seinen feierlichen Weg fort.

In der Natur kommen solche Momente vor, Momente intensivster Freude, von solcher Selbstvergessenheit, daß sie an Ekstase oder Erleuchtung grenzen. Bitty führte mir ein Lebensgefühl vor, das die Vielfältigkeit unserer Existenz betont: Indem man in der Welt lebt, anstatt durch sie hindurchzugehen, indem man sieht, anstatt nur zu schauen, lauscht, anstatt nur zu hören.

Als der Frühling ins Land zog und der Boden auftaute, gab es im Garten schlagartig eine Menge zu tun. An einem Tag war es noch zu früh, um die Blätter von den Blumenbeeten zu rechen. Einen Tag später fürchtete ich, bereits zu lange gewartet zu haben. Die Narzissen schoben sich durch totes Laub und trugen die welken Blätter wie Rüschen an ihren Trieben. Die Stengel der Tulpen bogen sich unter dem Gewicht des Mulchs. Jetzt verging jeder Nachmittag mit Laubrechen und Laubkarren, Boden vorbereiten und bestellen. Keine Zeit mehr für schlichte Freuden mit Bitty, trotzdem hielten wir Verbindung miteinander. Ich hatte das Gefühl, er wußte immer, wo ich mich gerade aufhielt, sogar als es ihm langweilig geworden war, ständig mit mir hin- und herzulaufen, wenn ich Gartenabfälle zum Komposthaufen karrte. Sobald mir auffiel, daß ich den kleinen Kerl schon einige Zeit nicht mehr gesehen hatte, rief ich seinen Namen und lauschte auf sein bestätigendes »Wow-ow«. Hörte er mich, antwortete er, aber er wuchs schließlich heran und war nun häufig mit wagemutigen Abenteuern außerhalb der Reichweite meiner Stimme beschäftigt.

Bald schon folgte er den älteren Katzen über die Straße, um auf den Feldern auf Jagd zu gehen. Die Felder, früher mit Mais bepflanzt, waren seit etlichen Jahren Brachland, auf dem sich rasch dichter Bewuchs ausgebreitet hatte. Die Katzen strichen stundenlang auf verschlungenen Pfaden durch Gestrüpp und hohes Unkraut, als bewegten sie sich in ihrem eigenen kleinen Königreich. Es war seltsam, wie verschieden ihr Leben im zivilisierten Haus und auf den wilden Feldern ablief. Blieb Bitty zu lange weg, ging ich über die Straße, um nach ihm zu suchen, und dort drüben konnte ich mir lebhaft vorstellen, wie aufregend der Kontrast zwischen beiden Welten sein mußte. An vielen Stellen wuchsen die Himbeeren und Rosensträucher, die stachligen Disteln und die Sumachranken so dicht, daß es für mich kein Durchkommen gab. Kniete ich nieder, um in die Kaninchengänge zu spähen, konnte ich mir unschwer ausmalen, daß sich die Katzen beim Durchstreifen dieses Dschungels wie Löwen fühlten. Müheloser als jedes andere Tier kann eine Katze in zwei Welten leben – scheinbar ohne Irritation oder Unvereinbarkeit zu empfinden, zwischen beiden hin- und herwechseln. In der Welt draußen auf dem Feld jagten die Katzen Mäuse, Maulwürfe, Wühlmäuse, Ratten, Backenhörnchen und Kaninchen; anschließend überquerten sie die Straße, legten sich den Menschen auf den Schoß und aßen ihr Futter von Porzellantellern.

Ich war nicht glücklich darüber, daß Bitty oder die anderen Katzen über die Straße liefen. Es herrschte zwar wenig Verkehr, aber die Autos kamen aus drei Richtungen: vom Hügel herab, am Fluß entlang und über die Brücke. Die Straße lief vor dem Haus zu einem Y zusammen, und die Katzen überquerten sie an der breitesten Stelle. Aber die Felder übten Tag und Nacht eine unwiderstehliche Anziehungskraft auf sie aus, und die einzige Möglichkeit, sie vor den damit verbundenen Gefahren zu schützen, wäre gewesen, sie ausschließlich im Haus zu halten. Ich kenne Leute, auch auf dem Land, die ihre Katze nicht hinauslassen – die Katze wird zur reinen Hauskatze und darf nie ins Freie. Aber ich glaube nicht an absolute Sicherheit, nicht auf Kosten der Freiheit. Leben bedeutet Freiheit, Vielfältigkeit, Aufregung und Herausforderung, oder es ist kein Leben.

Vor einigen Jahren, als ich mir einen kleinen blauen Motorroller kaufte, packte mich selbst die Angst. Ich fürchtete, mit dem Gefährt auf den engen, kurvigen, buckligen Landstraßen um Go Well tödlich zu verunglücken, aber andererseits war mir klar, daß ich das Richtige getan hatte, denn hätte ich mir aus lauter Angst den Roller nicht gekauft, wäre mein Leben eingeschränkt und mein Schneid hätte sich in nichts aufgelöst. Heute noch stoße ich einen Seufzer der Erleichterung aus, wenn ich nach einer Fahrt mit dem Roller mit heiler Haut nach Hause komme, aber andererseits hat er mir auch schon viel Freude gemacht und mir unvergleichliche Befriedigung über meine eigene Kühnheit verschafft. Deshalb bleiben die Katzen frei: Besser, sie nehmen das Risiko der Straße auf sich und kosten dafür jeden Augenblick des Lebens voll aus, als daß sie in Sicherheit zu Hause hocken und nur ein bißchen leben.

Als ich mit einem Floß den Fluß befuhr, drehte sich der Spieß um, denn nun sorgte sich Bitty um mich. Der Fluß, der sich viele Meilen weiter südlich mit zwei anderen Flüssen vereinigt und bei Perth Amboy, wo er das Meer erreicht, ziemlich breit ist, ist in dem Abschnitt, an dem ich wohne, kaum mehr als ein Forellenbach, knietief, mit steinigem Grund, ab und zu einer tiefen, unbewegten Stelle und Ministromschnellen vor und nach der Brücke in der Nähe des Hauses. Er ist nicht so tief, daß man darin schwimmen könnte, deshalb setze ich mich auf eine Luftmatratze, stoße mich mit Turnschuhen an den Füßen flußaufwärts, lasse mich anschließend flußabwärts tragen und sause über die Stromschnellen.

Am ersten wirklich heißen Sommertag machte ich mich also auf. Ich hatte erst ein paar Meter flußaufwärts zurückgelegt, da hörte ich ängstliches, eindringliches Maunzen. Bitty rutschte die Böschung zum Ufer hinunter, sprang auf einen Stein im Bach und streckte sich, soweit es ging, in meine Richtung vor, soweit, daß er fast ins Wasser gefallen wäre. Er warnte mich mit aller Dringlichkeit, die er in seine Schreie legen konnte, daß ich mich in ernster Gefahr befände und mich sofort in Sicherheit bringen müsse. Als ich nicht reagierte, sondern mich unverdrossen weiter flußaufwärts stieß, folgte er mir. Er sprang von Stein zu Stein, wurde manchmal naß bis zu den Schultern, und miaute unaufhörlich seine Sorge hinaus. Ich versicherte ihm immer wieder, alles sei in Ordnung, aber das beruhigte ihn keineswegs.

Nach der Flußbiegung stemmte ich die Füße gegen einen Findling, blieb eine Zeitlang sitzen und genoß den angenehmen Kontrast von kühlem Wasser auf den Beinen und warmer Sonne auf dem Rücken. Bitty lief am Ufer hin und her und erzählte mir unentwegt von seinen Ängsten. Ich dachte, ich müsse ihm zeigen, daß es nichts zu fürchten gäbe, schob mich rüber ans Ufer, nahm ihn hoch, setzte ihn auf meinen Schoß und stieß mich ab in die Strömung. Der kleine Kater wurde mucksmäuschenstill. Er preßte den Rücken gegen mich und starrte in das Wasser hinunter. Er gab keinen Laut von sich, bewegte keinen Muskel. So ließen wir uns schweigend flußabwärts treiben. Ich nahm an, er hätte begriffen, daß nichts passieren konnte. Weit gefehlt. Als wir uns dem Haus näherten, brachte uns die Strömung knapp an das Ufer heran. Plötzlich, ohne seine Lage vorher zu wechseln, ohne einen Muskel anzuspannen, ohne ein für mich erkennbares Zeichen, startete Bitty und flog in hohem Bogen durch die Luft. Er hatte bestens kalkuliert: Seine Hinterbeine kamen genau am Rand des Wassers auf. Mit drei Sätzen jagte er die Böschung hinauf. Oben angekommen, drehte er sich um, fixierte mich starr und nahm seine tyrannische Wehklage über die Gefahr, in der ich mich befand, wieder auf.

So ging es den ganzen Sommer lang. Wann immer ich mich auf dem Fluß treiben ließ, lief Bitty am Ufer entlang und schrie warnend. Lieben heißt, dem Schicksal eine Geisel zu überlassen. Bitty litt Qualen um meine Sicherheit, aber wäre das ein Grund für ihn gewesen, nicht zu lieben? Viele Menschen meinen, man müsse sich gegen Schmerz wappnen, deshalb dürfe man sich nicht zu sehr auf jemanden einlassen. Ein solcher Gedanke wäre Bitty nie gekommen. Liebe rückhaltlos, liebe unkritisch, liebe freimütig, herzlich, freudig, das habe ich von Bitty gelernt, und setze dich erst mit Verlust auseinander, wenn er eintritt.

Ich kann nicht leugnen, daß es entschieden leichter ist, mit einem Tier eine unkomplizierte Beziehung einzugehen als mit einem Menschen. Wie sollte ich das auch leugnen, wo ich doch an mir selbst sehe, wie die Liebe zu einem Menschen oft mit Ansprüchen einhergeht, und diese Ansprüche mich mürrisch und vorsichtig machen? Das ist einer der Gründe, warum ich Bitty dankbar war: Durch ihn erlebte ich die uneingeschränkte Freude bedingungsloser Liebe; durch ihn erfuhr ich, daß ich dazu fähig bin. Ich wünschte, ich hätte einen Menschen so von ganzem Herzen geliebt, aber wenn das nicht sein kann, habe ich zumindest erlebt, was es bedeutet, sich voll und ganz liebevoll um ein anderes Lebewesen, nicht um sich selbst, zu kümmern.

Ich frage mich, ob wir uns aus diesem Grund Haustiere halten?

Poppy

An einem Samstagmorgen, lange bevor Bitty zu uns kam – Kate war damals noch meine einzige Katze –, hörte ich zankende Stimmen von der Brücke her. Neugierig geworden, trat ich auf die Veranda und entdeckte die drei Kinder, die weiter oben an der Straße wohnten, neben dem Bahngleis. Das älteste, ein Mädchen, drehte sich ständig weg und versuchte, etwas, das sie gegen die Brust gedrückt hielt, vor den zupackenden Händen ihrer Brüder zu schützen. »Nein«, wehrte sie deren lautstarkes Drängen hartnäckig ab. »Nein, nein, nein.«

»Was ist denn los?« fragte ich und schlenderte zu ihnen hinüber.

Tränen des Zorns standen in Sallys Augen. »Joey und Jeff wollen die Katze in den Fluß werfen«, erklärte sie, »aber ich sage, wir setzen sie im Wald aus.« Sie öffnete die Arme ein wenig und zeigte mir eine schwarz-grau getigerte Katze, die sie in einer Art Würgegriff hielt. Die sich wehrende Katze sträubte das Fell in alle Richtungen, Angst flackerte in ihren Augen. Ich erkannte das Tier als eines aus einem Wurf von sechs Kätzchen, die mir die Kinder vor einigen Monaten in der Hoffnung gezeigt hatten, ich würde eines oder gar mehrere nehmen, doch ich lehnte damals mit der Begründung ab, meine Perserkatze würde das wohl nicht gut aufnehmen, denn es gefiele ihr sicher nicht, plötzlich eine fremde Katze in ihrem Revier dulden zu müssen. Das war zwar mit ein Grund, aber davon ganz abgesehen, ich hätte keines dieser Kätzchen haben wollen, denn die Tiere, von den Kindern herumgezerrt, bedrängt und terrorisiert, waren völlig mit den Nerven runter und derart schreckhaft, daß sie bei jedem Geräusch steifbeinig in die Luft hüpften, hektisch und planlos über Stuhllehnen sprangen und auf jede Hand losgingen, die sie streicheln wollte.

Die Kinder sagten, es sei ihnen gelungen, für fünf der sechs Kätzchen ein Zuhause zu finden, aber dieses letzte wolle niemand haben. Nach einer zweimal verlängerten Gnadenfrist hatte ihr Vater am Morgen angekündigt, die Katze müsse noch heute verschwinden – sonst... Dieses »sonst« wurde nicht näher präzisiert, aber ich konnte mir zusammenreimen, mit wieviel Nachdruck die Drohung ausgestoßen worden sein mußte, denn immerhin veranlaßte sie die Kinder, schleunigst mit dem kleinen Tier loszuziehen. Ursprünglich hatten sie vorgehabt, die Katze, sobald sie weit genug vom Haus entfernt waren, ihrem Schicksal zu überlassen, was immer das Schicksal für sie bereithalten mochte, ob sie verwildert im Wald überleben, Zuflucht in einer Scheune finden oder von einem Auto plattgewalzt werden würde. Doch an der Brücke kamen die Jungs auf die Idee, es sei interessanter, die Katze in den Fluß zu werfen. Falls das Tier schwimmen könne, könne es sich nach Erreichen des rettenden Ufers genausogut von hier aus auf seine Odyssee begeben. Falls nicht... So oder so, sie wären die Katze los, wie ihr Vater befohlen hatte.

Wenn es sein muß, können Katzen schwimmen, und ich wollte das Tier auf keinen Fall haben. Was veranlaßte mich dann dazu, es aus Sallys derbem Griff zu befreien und ins Haus zu tragen? Vermutlich sah ich mich in der Rolle der Retterin eines schlecht behandelten Tieres. Die typische Falle, in die ein Mensch – meist eine Frau – hineintappt, wenn er den Entschluß faßt, einen anderen aus einem verkorksten Leben, aus Elend oder Suchtabhängigkeit zu retten. Man sieht die Probleme des Betreffenden klar und deutlich, wie auch ich mich in Poppys Fall keiner Täuschung hingab, aber in Bezug auf die eigenen Möglichkeiten zu helfen, im Hinblick darauf, wie man wirklich Abhilfe schaffen kann, da ist die Sicht leider schwer getrübt. Mit Nachsicht, mit Zärtlichkeit, mit Geduld ließe sich der von einer unsensiblen Umwelt angerichtete Schaden sicher beheben, und mit entsprechenden Anstrengungen müsse es gelingen, den Betroffenen von seinem selbstzerstörerischen Verhalten abzubringen – das redet man sich zumindest ein. Und genau das sagte ich mir beim Anblick dieser Tigerkatze.

Ein Kosename fördert eine engere Beziehung zu einem Tier, also nannte ich die Katze Poppet, bald verkürzt zu Poppy, und stürzte mich frohgemut in mein Vorhaben, sehr lieb und nett zu ihr zu sein. Ich sprach nur mit sanfter Stimme zu ihr, achtete darauf, mich nie hastig oder abrupt zu bewegen, streichelte sie sacht, neckte sie nie und unternahm keinen Versuch, mit ihr zu spielen aus Angst, sie könne das als Aggression mißverstehen. Aber die Wochen vergingen, und Poppy duckte sich immer noch, sobald ich sie ansah, floh, wenn ich auf sie zuging, wehrte sich und schrie, wenn ich sie auf den Arm nehmen wollte. Nichts vermochte sie davon zu überzeugen, daß sich die Gegenwart von der Vergangenheit unterschied, daß es ihr noch nie in ihrem Leben so gut gegangen war.

Jahre früher hatte ich aus Neugier ein Experiment gemacht, weil ich sehen wollte, ob Kindheitserfahrungen tatsächlich so prägend sind, wie die Freudsche Theorie behauptet. Damals hatte ich das Haus auf dem Land gerade erst gekauft. Über das Wochenende kamen Freunde zu Besuch, die vorhatten, meinem Beispiel zu folgen, das heißt, sie waren auf der Suche nach einem baufälligen Haus, das sie kaufen und herrichten wollten. Ich ging also mit ihnen auf den Hügel, damit sie sich ein altes, leerstehendes Pächterhaus ansehen konnten, das den Elementen überlassen worden war. Als wir über die Schwelle traten, bewegte sich ein Lumpenhaufen in einer Ecke. Christine und ich wichen zurück, denn wir fürchteten, es könne sich um ein Ratten- oder Mäusenest handeln. Joe, tapferer als wir, ging hinüber, sah nach und identifizierte die dort herumkrabbelnden, blinden Winzlinge als ein paar Tage alte Kätzchen. Rückblickend glaube ich, die Katzenmutter nahm nur Reißaus, als sie uns kommen hörte, aber damals dachten wir, die Kätzchen seien verlassen, und nahmen sie mit nach Hause.

Als die Bemühungen, die Kätzchen durchzubringen, Erfolg zeigten, begann ich zu überlegen, ob die unterschiedliche Behandlung, die wir ihnen automatisch angedeihen ließen, spürbare Auswirkungen auf ihre Persönlichkeit haben würde. Peaches, das Hübscheste, wurde von Anfang an zuerst gefüttert, mit ihm befaßte man sich am meisten, um sein Wohlergehen wurde am meisten Aufhebens gemacht, während das weitaus weniger niedliche Mickrigste des Wurfes zuletzt gefüttert wurde und fast keine Aufmerksamkeit genoß. Dieser Mickerling war ein mageres, kohlschwarzes Katerchen mit stumpfem, glanzlosem Fell, einem spitzen Gesicht und Ohren, die in einem so komischen Winkel abstanden, daß wir es als Fledermauskatze bezeichneten. Kuschelten die Kätzchen schlafend aneinander, lag er zuunterst im Haufen, er war derjenige, auf dem die anderen herumtrampelten, über den sie hinwegkletterten und den sie beiseite schubsten. Er war der Tölpel. Befaßte man sich mit den Kätzchen, wurde er selten hochgenommen und gestreichelt, und es wurde wenig mit ihm gesprochen. Mich interessierte, ob eine Veränderung unseres Verhaltens irgendeine Veränderung bei ihm zur Folge hätte.

Erst einmal erhielt er einen richtigen Namen: Boston – weil er schwarz war und damals gerade eine populäre Sendung um eine Hauptperson namens Boston Blackie häufig im Rundfunk kam. Dann wurde die Reihenfolge beim Füttern geändert; der Mickerling kam zuerst und nicht mehr zuletzt dran, und er bekam ein zweites und ein drittes Fläschchen, bis er rundum satt war. Während der ganzen Fütterungsaktion hielt ich ihn an mich gedrückt, sprach seinen Namen und erzählte ihm, was er doch für ein feines und einmaliges Kerlchen sei. Saß ich tagsüber an meinem Schreibtisch und arbeitete, steckte ich ihn vorne in meinen Pullover, und da schlief er an meinem schlagenden

Herzen wie am Herzen seiner Mutter; legte ich eine Arbeitspause ein, wiegte ich ihn in den Händen, damit er mein Gesicht sehen konnte, und sprach wieder sanft und liebevoll auf ihn ein.

Innerhalb eines Tages drehte Boston den Kopf, um dem Klang meiner Stimme zu folgen. Einen Tag später nahm er es schon nicht mehr länger hin, zuunterst im Knäuel der Kätzchen zu liegen, sondern er kämpfte sich unter den anderen hervor und arbeitete sich nach oben durch. Er öffnete als erster der Kätzchen die Augen, schnurrte als erster und versuchte unbeholfen, sich zu waschen, mühte sich als erster über den Rand der Schachtel und torkelte auf wackligen Beinen los, um die Welt zu erkunden. Aber am verblüffendsten war die äußerliche Veränderung, die mit ihm vorging. Es war, als würde man zusehen, wie die Flut langsam zurückweicht und leuchtenden Sand hinterläßt. Das Fell auf seinem Gesichtchen nahm den Schimmer von Seide an, und dieser seidige Schimmer breitete sich Tag für Tag weiter über seinen Körper aus, bis er von der kleinen schwarzen Nasenspitze bis zur Schwanzspitze glänzte wie eine Jettperle.

Die Vermutung, daß sich liebevolle Umsorgung positiv auf die Entwicklung eines Babys auswirkt, hatte sich also erwartungsgemäß bestätigt, aber nie hätte ich gedacht, daß sich ein kleines Wesen dadurch so vollkommen verändert. Man konnte fast den Eindruck gewinnen, zusammen mit der Liebe und Aufmerksamkeit, die ich Boston zukommen ließ, hätte ich ihm die Erlaubnis gegeben, sich selbst zu mögen und zu schätzen. Da er sich sicher fühlte, wuchs er zu einer unternehmungslustigen, extrovertierten Katze heran. Da er sich geliebt fühlte, liebte er alle und jeden und setzte als selbstverständlich voraus, wiedergeliebt zu werden. Seine Intelligenz entwickelte sich auf beeindruckende Weise. Er legte sich einen außergewöhnlich umfangreichen Wortschatz zu. Bitty, der lange nach Bostons Tod zu uns kam, sprach sehr viel, aber seine »Worte« waren allesamt Variationen eines einzigen Lauts, während Boston vierzig verschiedene Laute erzeugen konnte, von denen jeder einzelne eine spezielle Bedeutung hatte.

Bostons Persönlichkeit entwickelte sich auf der Grundlage des Eindrucks, den er in jenen ersten Lebenswochen von der Welt gewann, und danach handelte es sich um einen angenehmen, lebenswerten Ort, wo ihn die Menschen hegten und pflegten und er selbst sich als geachtetes, kompetentes, aller Mühe wertes Wesen erlebte. Und auf dieser Basis konnte er ein unbeschwertes Leben voller Liebe und Geliebtwerden führen, ein Leben, das in absolutem Gegensatz zu Poppys Dasein stand.

Wie Poppy und Boston entwickelt jedes Lebewesen, das das Licht der Welt erblickt, ob Tier oder Mensch, ein bestimmtes Weltbild. Es ist, als lägen Puzzleteile herum und Aufgabe des Neuankömmlings sei es, diese so schnell wie möglich zu einem kompletten Bild zusammenzusetzen, damit er sich eine Vorstellung davon machen kann, was es mit diesem Ort, an dem er gelandet ist, auf sich hat. Die Teile, die Poppy vorfand, waren völlig konträr zu Bostons Puzzle. Poppys »Kindheit« wurde von drei kleinen Kindern in einem lärmerfüllten Haus geprägt. Ihre ersten Eindrücke waren verwirrend, denn sie wußte nie, was als nächstes geschehen würde; sie erlebte sich als Objekt, auf das man sich stürzte, das man in die Luft warf, nach Belieben mal fest an sich drückte, mal links liegenließ, das man in eine warme Kiste bettete oder unbeachtet draußen in der Kälte weinen ließ.

Anstatt grundsätzliches Vertrauen zu entwickeln wie Boston, entwickelte Poppy grundsätzliche Angst. Sie hätte mehrere Möglichkeiten gehabt, mit dieser Angst umzugehen, zum Beispiel hätte sie übertrieben unterwürfig und zurückhaltend werden und sich angestrengt um Duldung und Akzeptanz bemühen können, indem sie niemandem lästig fiel; sie hätte aber auch überaggressiv und aufsässig reagieren können, um sich gegen die ihr zugefügten Ungerechtigkeiten zur Wehr zu setzen; oder sie hätte, so gut es ging, Kontakten aus dem Weg gehen, sich zurückziehen und versuchen können, selbstgenügsam und unabhängig zu werden. Poppy entschied sich für den Rückzug. Kaum hatte ich sie an jenem Samstagmorgen im Haus abgesetzt, floh sie in den Keller, sprang auf die Waschmaschine und von dort auf ein Rohr an der Decke, riß ein Stück Isolierung ab und kroch in ein schwarzes Loch zwischen den Dachsparren.

Von da an hockte Poppy, wenn wir in Go Well waren, die meiste Zeit in diesem dunklen Loch. War die Kellertür geschlossen, legte sie sich davor und kratzte daran, und sobald ich vorbeiging, flehte sie mich wie wahnsinnig maunzend an, die Tür zu öffnen. Ignorierte ich sie, wuchs ihre Verzweiflung in einem solchen Ausmaß, daß mir nichts anderes übrigblieb, als nachzugeben. Selbst nachdem Socksie und Trot zu uns gekommen waren, denen sie beiden sehr zugetan war, verbrachte sie ihr Leben im wesentlichen in diesem dunklen Loch.

Ich habe nicht die geringste Ähnlichkeit mit drei extrem lebhaften Kindern. Aber sobald Poppy mich sah, sah sie diese Kinder. Ihr Weltbild blieb stets so, wie sie es sich in der ersten Zeit ihres Lebens zusammengesetzt hatte. Als ich das miterleben mußte, begriff ich, warum es so schwer ist, einen anderen Menschen zu ändern. Früher war ich zuweilen der Meinung gewesen, ich müsse jemanden nur uneingeschränkt akzeptieren und unterstützen, nur genügend Verständnis und Geduld aufbringen, um einen Menschen, an dem mir lag, von selbstzerstörerischem Verhalten abzubringen. Aber wie sehr ich mich auch bemühte, wie sehr ich alles mir Mögliche tat, mein Verhalten hatte nie eine anhaltende Veränderung beim anderen zur Folge. Als ich Poppy erlebte, wurde mir klar, daß das gar nicht möglich ist. Worauf es entscheidend ankam, war nicht, was ich tat, sondern wie der andere die Welt sah. Zuerst mußte sich seine Lebensanschauung ändern, bevor sich etwas anderes ändern konnte.

Aber wie sich an Poppy zeigte, ist es sehr schwer, die ersten Eindrücke zu revidieren und die Puzzleteile neu zu ordnen, damit ein anderes Bild entsteht. Vielleicht wird es verständlich, wenn man das Gehirn eines Neugeborenen mit einer Straße nach heftigem Neuschneefall vergleicht. Das erste Auto, das diese Straße entlangfährt, gräbt zwei parallele Spuren in den Schnee; das nächste Auto folgt fast automatisch in diesen Spuren, das nächste ebenfalls und so weiter. Tiefer und tiefer graben sich die Spuren ein. Der hundertste Wagen kann sich noch so sehr bemühen, aus den vorgegebenen Bahnen herauszukommen, er rutscht immer wieder in die ausgefahrenen Spuren zurück.

Die auf die früh in der Psyche festgelegten Spuren folgenden Eindrücke graben sich tiefer und tiefer in eben diese Spuren ein, so daß nach der hundertsten Wahrnehmung kaum eine größere Chance zum Einschlagen einer neuer Route besteht wie nach dem hundertsten Wagen. Was man gestern über Menschen oder das Leben erfahren hat, kann anhand von Beispielen, die das Gegenteil beweisen, rasch revidiert oder ad acta gelegt werden, aber Erfahrungen aus frühester Zeit bleiben trotz überzeugender Gegenbeweise hartnäckig bestehen. Poppy war dafür ein Beispiel. Egal, wie ich mich verhielt, wie harmlos oder wie liebevoll mein Verhalten war oder wie wenig es sich überhaupt auf sie bezog, alles rutschte sofort in die vorgegebene Spur und löste bei ihr unweigerlich ein Gefühl von Bedrohung aus, alles und jedes interpretierte sie als Absicht, ihr weh zu tun oder sie zu schikanieren.

Ein junges Wesen kann nur begrenzte Erfahrungen sammeln, sein Kontakt mit Menschen beschränkt sich auf einige wenige. Es kann also die von ihm gemachten Erfahrungen weder abwägen noch beurteilen oder vergleichen; es muß sich mit dem begnügen, was ihm vorgesetzt wird. Ob Katze oder Mensch – hat das junge Wesen in dieser Hinsicht Glück gehabt, wie Boston, dann prägt sich früh die Überzeugung ein, daß die Welt ein ihm wohlgesonnener Ort ist, wo seine Bemühungen mit Anerkennung belohnt und seine Bedürfnisse befriedigt werden und seine Sicherheit gewährleistet ist. Es entwickelt ein gesundes Selbstwertgefühl, und in der Erwartung geliebt zu werden, wird es Liebe geben. Hat das kleine Wesen dagegen kein Glück, wie Poppy, sagt ihm seine Erfahrung, daß die Welt ihm feindlich gesinnt ist, daß auf die Menschen kein Verlaß in Bezug auf Beistand und Bedürfnisbefriedigung ist, daß es nie glücklich sein wird, und aus irgendeinem Grund, der sich ihm entzieht, aber zwangsläufig mit seinem eigenen mangelnden Wert zu tun haben muß, es auch kein besseres Schicksal verdient hat.

Boston und Poppy hatten beide recht. Sie sahen die Welt allerdings völlig unterschiedlich. Aber nicht, weil die Welt schwarz oder weiß ist, sondern weil sie sie nicht anders sehen konnten. Sie selbst setzten die Abläufe in Gang, die ihre jeweiligen Überzeugungen bestätigten. Boston wurde geliebt, weil er liebevoll war. Poppy führte ein schreckliches Leben, weil das Leben ihrer Überzeugung nach schrecklich war.

Poppy war ungefähr ein Jahr bei mir, als sie über einem Auge einen in jeder Hinsicht beunruhigenden Abszeß bekam, sowohl was die Lage als auch was die Tiefe anging. Stunden, nachdem der Abszeß geöffnet und gesäubert worden war und ich sie längst wieder nach Hause gebracht hatte, fiel sie in einen Schockzustand, ihr Körper wurde schlaff und kalt. Ich packte sie in den Wagen und fuhr schleunigst mit ihr zur Tierärztin, nach telefonischer Anweisung aber nicht in die Praxis, die über das Wochenende geschlossen war, sondern zu deren Haus. Ich mußte Poppy dalassen, weil ich einen wichtigen Termin in der Stadt hatte. Als ich am nächsten Abend anrief, um mich nach Poppys Befinden zu erkundigen, erhielt ich sehr vage Auskünfte, die stark nach Ausflüchten klangen. Am nächsten Abend wiederholte sich das Spiel: Die Tierärztin glaubte, der Abszeß würde abheilen, sie glaubte, Poppy würde wieder völlig gesund, aber sie sei sich nicht völlig sicher und deshalb wolle sie nicht, daß ich zu optimistisch sei...

Am dritten Abend wurde ich mißtrauisch und sagte: »Poppy ist nicht mehr da, stimmt's?«

»Nein, nein, sie lebt.«

»Ich meine, sie ist verschwunden. Sie können sie nicht finden.«

»O du meine Güte...«

Ich spürte, daß die Tierärztin kurz vor einem Tränenausbruch stand, und sagte deshalb rasch: »Schon gut. Sie steckt in irgendeinem Loch. Ich kenne Poppy.«

»Ich habe überall nachgesehen. Ich habe das ganze Haus auf den Kopf gestellt. Ich habe meinem Mann mit Scheidung gedroht.«

»Was!«

Es stellte sich heraus, daß die Tierärztin Poppy in einem Gästebadezimmer am Ende des Flures untergebracht und ihrem Mann strikte Anweisung erteilt hatte, auf keinen Fall hineinzugehen. Doch er vergaß es, als er, Facharzt für Großtiere, mitten in der Nacht gerufen wurde, um einer Stute bei der schwierigen Geburt eines Fohlens zu helfen. Das Ehepaar hatte einen fürchterlichen Streit, denn sie gab ihm die Schuld am Verschwinden der Katze, und dabei hatte er das Badezimmer am Ende des Flures doch nur aus Rücksicht benutzt, um seine Frau nicht aufzuwecken.

»Seitdem haben wir nicht mehr miteinander gesprochen«, schloß die Tierärztin. »Kein einziges Wort. Ich weiß nicht, wie es weitergehen soll.«

»Ich schon«, erwiderte ich. »Ich komme mit Hector. Er findet Poppy bestimmt.« Und er fand sie. Golden Retriever haben Bluthunde unter ihren Vorfahren und besitzen hervorragende Spürnasen. Hector kannte natürlich Poppys Namen, und als man ihm befahl, sie zu suchen, streifte er eifrig durch das Haus, schnüffelte hier, lief denselben Weg wieder zurück, schnüffelte da, und schließlich landete er im Badezimmer vor einem deckenhohen Einbauschrank direkt neben der Badewanne.

»Da drin habe ich ein dutzendmal nachgesehen«, protestierte die Tierärztin. Aber Hector wedelte begeistert mit dem Schwanz. Sie öffnete den Schrank, nur um ihm zu zeigen, daß keine Katze darin war, doch er schob sich zentimeterweise auf eine dunkle Ecke zu und bellte. Tatsächlich befand sich in der Trennwand neben der Wanne ein Schlupfloch. Poppy hatte natürlich das einzige vorhandene dunkle Loch gefunden. Aber selbst eine verängstigte Katze muß fressen. Wir lockten sie mit ihrem Lieblingsfutter heraus und retteten so die Ehe der Tierärztin.

In Poppys Augen war das gemütliche Heim der Tierärztin ein Schlachthaus, und so tat sie das ihrer Ansicht nach einzig Vernünftige, sie zog sich an einen Ort zurück, wo sie nicht gefunden und ihr kein Schaden zugefügt werden konnte. Natürlich setzte sie sich damit der Gefahr des Verhungerns aus. Doch das ist nicht weiter erstaunlich. Katzen – und Menschen – handeln oft gegen ihre eigenen lebenswichtigen Interessen, wenn sie sich in eingefahrenen Denkmustern bewegen.

Wir sind, was wir denken. Um uns zu ändern, müssen wir ändern, was wir denken. Aber um das zu ändern, was wir denken, müssen wir wissen, was wir denken, und das ist gar nicht so leicht, wie es sich anhört, denn unsere Denkmuster wurden zu einer Zeit angelegt, an die wir uns nicht erinnern.

Zur Aufdeckung früh geprägter Denkmuster trägt für den Anfang schon so eine simple Sache wie das Aufstellen einer Liste bei: Die Welt ist ... Die Menschen sind ... Ich bin ... Ich fürchte ... Mütter sind ... Väter sind ... Freunde sind ... Chefs sind ... Schreibt man zu den jeweiligen Stichworten auf, was einem dazu gerade in den Kopf kommt, möglichst schnell und »ohne nachzudenken«, können einige Überraschungen zutage treten, zumindest verschafft man sich einen flüchtigen Blick auf die im Unterbewußten verankerten Überzeugungen, die das eigene Verhalten beeinflussen oder sogar dominieren.

Hätte Poppy eine derartige Liste aufstellen können, hätte sie wahrscheinlich in etwa folgendes geschrieben: Menschen sind... laut, rücksichtslos, bedrohlich, unberechenbar, gemein, grausam, blutdürstig. Ich fürchte... nicht geliebt, verlassen, verletzt, zugrunde gerichtet zu werden. Ich muß stets... vorsichtig, wachsam, verteidigungsbereit, verborgen sein. Trotzdem frage ich mich, ob Poppy nicht schon beim Aufstellen dieser kurzen Liste der Gedanke gekommen wäre: Aber der Mensch, bei dem ich jetzt lebe, hat mich nie geschlagen, nie angeschrien, nie wie einen Sandsack herumgestoßen und mich nie die ganze Nacht ausgesperrt. Wäre ihr der Widerspruch bewußt geworden, hätte sie vielleicht in Erwägung ziehen können, daß ihre Überzeugungen zwar einmal den Tatsachen entsprochen hatten, nun aber nicht mehr zutreffen.

Kürzlich mußte ich mir eine Zyste entfernen lassen, die sich in meinem Körper angefühlt hatte wie eine harte, große Geschwulst. Der Chirurg legte sie nach der Operation auf ein Stück Gaze und zeigte sie mir. Zu meiner Überraschung war sie, obwohl sie sich so riesig angefühlt hatte, lediglich erbsengroß. Der Chirurg stach mit einem Skalpell hinein, und die Zyste war verschwunden, zusammengefallen, nur ein Fleck blieb auf der Gaze zurück. Genauso können innerlich verhärtete und unüberwindlich scheinende Überzeugungen in sich zusammenfallen, sobald sie der Realität ausgesetzt werden.

Nicht alle werden einfach verschwinden, nur die, die sogar das betroffene Selbst als überholt und lächerlich erkennen kann. Ehrliches Bemühen vorausgesetzt, können noch ein paar weitere bis zu ihrem Ursprung zurückverfolgt und anschließend ad acta gelegt werden, frei nach dem Motto: Gestern war gestern, heute ist heute. Aber einige bleiben hartnäckig bestehen, weil wir stur auf unseren einmal gewonnenen Überzeugungen über das Leben und die Menschen beharren. Mit etwas Glück läßt ihr Einfluß manchmal langsam nach.

Unsere Denkmuster zu ergründen, macht nicht unbedingt Spaß, denn damit geht die Angst einher, erschreckende und unerfreuliche Erinnerungen zu wecken. Außerdem droht die Gefahr, daß wir Verhaltensänderungen in Angriff nehmen müssen, und das ist anstrengend, lästig; die alten Verhaltensmuster, mögen sie noch so destruktive Auswirkungen auf unseren Seelenfrieden und unser Glück haben, sind zumindest vertraut und damit bequem. Hat jedoch aufgrund früher Erfahrungen die Entwicklung der Selbstachtung gelitten, so daß man ein Leben ohne Freiheit, ohne Möglichkeit zur Weiterentwicklung, ohne Freude führt, verbringt man sein Leben gar in einem dunklen Loch, ist ein Änderungsversuch die Mühe wert.

Vor kurzem beschäftigte mich der Gedanke, daß vielen Menschen wohl bewußt ist, daß man ihnen zu Beginn ihrer Lebensreise eine fehlerhafte Karte ausgehändigt hat. Hinzu kommt die derzeit sehr beliebte Opfermentalität, die die Menschen darin bestärkt, nicht die Verantwortung für die notwendigen Korrekturen zu übernehmen, sondern den Kartenherstellern die Schuld zuzuschieben. »Meine Mutter liebte mich nicht.« – »Mein Vater hatte nie Zeit für mich«, das sind gängige Vorwürfe. »Ich wurde mißbraucht.« – »Ich wurde vernachlässigt.« – »Meine Eltern erwarteten zu viel.« – »Meine Eltern erwarteten zu wenig.« – »Meine Eltern redeten nicht.« – »Meine Eltern stritten ständig.« Auf die Eltern loszugehen, ist eine Art Volkssport geworden.

Wir alle können mühelos und in allen Einzelheiten aufzählen, was unsere Eltern falsch gemacht haben, und das dient uns als Erklärung und gleichzeitig als Entschuldigung dafür, daß wir eben so geworden sind, wie wir sind. Was wir dabei allerdings meist übersehen, ist, daß unsere Eltern keineswegs die Absicht hatten, uns eine fehlerhafte Karte auszuhändigen. Ich bezweifle, daß je ein Mann und eine Frau zusammenkamen und sich dabei sagten: »Zeugen wir ein Baby, dann haben wir jemanden, auf dem wir rumhacken können, den wir vernachlässigen, unterdrücken, verwirren, ängstigen oder verletzen können«, was auch immer. Es passiert. Es passiert ständig. Aber nicht planmäßig. Es passiert, weil Eltern es nicht besser wissen oder nicht besser können.

Eine Katze hätte kaum einen schlechteren Start ins Leben haben können als Poppy, aber die Kinder von weiter oben an der Straße haben sie nicht drangsaliert, herumgestoßen, gequält und nachts ausgesperrt, weil sie ihr Lebensangst einjagen und ihr Selbstwertgefühl untergraben wollten. Sie verhielten sich so, weil sie in diesem Alter so waren. Hätte Poppy Schuldzuweisungen erteilen können, hätte sie mit Recht mit dem Finger auf sie gezeigt und gesagt, sie seien schuld daran, daß sie sich in einem dunklen Loch verkrieche. Die Schuld den Kindern zu geben, hätte vielleicht in gewisser Weise befriedigend sein können, trotzdem hätte es nicht das Geringste dazu beigetragen, Poppy aus ihrem Loch herauszuholen. Sie hätte wegen allem, was man ihr angetan hatte, noch so sehr mit dem Schicksal hadern können. Sie hätte um die Vergangenheit und ihre unglückliche Kindheit bittere Tränen vergießen können. Sie hätte den Umständen die Schuld geben können, in die sie das Pech hatte, hineingeboren zu werden. Trotzdem säße sie und niemand anderer nach wie vor in diesem Loch, es sei denn, sie würde selbst die Initiative ergreifen und die Verantwortung dafür übernehmen, dort herauszukommen.

Doch das tat sie nie. Nachdem Socksie in Go Well eingezogen war, wagte sich Poppy ein paar Stunden hintereinander aus ihrem Loch heraus, um sich neben ihn zu legen, und an Trot, der später zu uns kam, schloß sie sich sogar noch stärker an. Aber obwohl Poppy gemerkt haben muß, wie wohl sich alle anderen Katzen bei uns fühlten, änderte das nichts an ihrer verzerrten Sichtweise. Bei jeder kleinsten Störung rannte sie in den Keller. In ihrer Einbildung brüllten die Tiger immer noch, und sie schaffte es nie, lange genug abzuwarten, um dahinterzukommen, daß es sich lediglich um Papiertiger handelte.

»Beobachte und harre geduldig aus«, lautet der Lieblingssatz eines Psychotherapeuten, der auch Zen-Buddhismus praktiziert. »Beobachte und harre geduldig aus«, rät er in unklaren und angstauslösenden Situationen, und damit meint er, beobachte die Situation genau, damit du erkennst, inwiefern sie sich von der Vergangenheit unterscheidet. Halte geduldig die Angst aus, während du andere Verhaltensweisen ausprobierst, um festzustellen, ob du mit diesen nicht besser fährst als mit den zuvor erlernten. Mit anderen Worten, warte ab, bis du dir darüber im Klaren bist, ob du es mit echten Tigern oder lediglich mit aus der Vergangenheit aufgetauchten Papiertigern zu tun hast.

Ein neues Kätzchen namens Natty Bumppo macht diesen Prozeß momentan durch. Letzten Sommer fuhr ich mit dem Motorroller auf der Hügelstraße, Charlie lief neben mir her. Charlie ist Freebies Nachfolger, wie diese Hectors Nachfolgerin gewesen ist. Auch Freebie hatte ihre Probleme mit der Vergangenheit gehabt. Ein paar Monate, nachdem wir sie zu uns geholt hatten, bekam sie eine Geschwulst an der Seite – nichts Ernstes; eine Fettgeschwulst –, aber es schien das Beste, sie entfernen zu lassen, deshalb brachten wir Freebie in die Tierklinik. Sie drehte fast durch, als wir sie zurücklassen mußten, denn das letzte Mal, als sie Fremden übergeben und in einen Zwinger gesperrt worden war, war dies gleichbedeutend mit dem Ende ihrer vertrauten Welt gewesen. Offensichtlich hatte sie verzweifelte Angst, einen solchen Verlust noch einmal erleben zu müssen. Sie wehrte sich mit aller Kraft gegen die Narkose, erlitt auf dem Operationstisch einen Herzstillstand und starb.

Es war also Charlie, schwarzweiß wie Freebie, aber so groß wie Hector, dessen Interesse durch eine Bewegung im hohen Gras geweckt wurde. Unverzüglich ging er der Sache nach, stöberte ein winziges Kätzchen auf und trieb es auf die Straße. Schneidig versuchte der Winzling mit Fauchen und gebuckeltem Rücken Charlie in die Flucht zu schlagen. Sein Verhalten bestätigte die Behauptung in einem Artikel, den ich vor kurzem gelesen hatte, und in dem es hieß, ein verängstigtes Kind laufe schutzsuchend zu einem Erwachsenen, ein junger Hund ergebe sich und eine junge Katze stelle sich und nähme den Kampf auf. Ich fing das Tierchen ein und sah es mir genauer an.

Erbärmlich mager und mit einem zweimal gebrochenen Schwanz, als sei er in eine Tür eingeklemmt worden, war es nicht unbedingt ein unwiderstehlich niedliches Kätzchen, aber ich konnte es schlecht allein auf der Straße lassen. Es hatte Hunger und war noch viel zu jung, um auf sich selbst gestellt überleben zu können. Also steckte ich es in den Korb an der Lenkstange meines Rollers, pfiff nach Charlie und fuhr den Hügel hinunter nach Go Well.

Connie nannte sie Natty Bumppo, und Bumpy blieb an ihr hängen, denn es paßte zu ihrem malträtierten Schwanz. Bumpy war ebenso traumatisiert wie Poppy damals und anfangs auch sehr ängstlich, doch im Unterschied zu Poppy konnte sie beobachten und geduldig ausharren. Jede Woche traute sie sich etwas länger aus ihrem Versteck heraus. Jede Woche ertrug sie unser sanftes Streicheln ein wenig länger. Nach einer Weile hatte sie uns offenbar lange genug beobachtet, um ein Risiko eingehen zu können. Sie beschloß, ein Fensterbrett im Badezimmer im unteren Stockwerk zu ihrem Lieblingsplatz zu machen, von dem aus sie gut die Vögel an den Futterstellen in den wilden Kirschbäumen beobachten konnte. Das Fensterbrett befindet sich auf Kopfhöhe, und das hieß, wann immer Connie oder ich in das Badezimmer gingen, gaben wir ihr einen Kuß. Zuerst wich sie aus, dann duldete sie es, dann reagierte sie und inzwischen streckt sie sich vor, sobald eine von uns auftaucht, um uns zu küssen, stößt die Stirn gegen unsere Wangen und reibt ihren Kopf seitlich an unserem.

Bumpy ging ein Risiko ein. Sie wartete ab und überprüfte ihre Ängste auf ihre weitere Berechtigung hin. Inzwischen weiß sie, daß sie unbegründet sind, folglich hat sie sich verändert und Vertrauen gefaßt. Sie hat einen guten Start in ein besseres Leben.

Manchmal denke ich, es gibt nichts Riskanteres, als kein Risiko einzugehen. Ich sehe es im Garten: Was nicht wächst, bleibt nicht etwa unverändert, sondern stirbt nach und nach ab. Aber wenn Sie ein Risiko eingehen, wenn Sie sorgfältig beobachten und geduldig ausharren und währenddessen versuchen, neue Wege zu beschreiten, kann die Ihnen zugefügte Wunde Ihr Kapital werden, das heißt, aus den Ihnen zugefügten Verletzungen kann sich ein beachtlicher Neuanfang entwickeln.

Die kreativsten, scharfsinnigsten, neugierigsten und aufgewecktesten Menschen, die ich kenne, diejenigen, die verstehen wollen, die wahrhaft nach Verstehen streben und darum kämpfen, sind Menschen, die in jungen Jahren Verletzungen hinnehmen mußten. Auf dem College beneidete ich ein Mädchen aus meinem Wohnheim, das oft von seinen liebevollen Eltern und seiner idyllischen Kindheit erzählte, doch eines Tages wurde mir bewußt, daß sie von uns allen der uninteressanteste Mensch war. Sie strahlte Selbstzufriedenheit und Gemütsruhe aus, nirgendwo waren Ecken und Kanten zu entdecken. Mit ihr zusammen zu sein, war angenehm, aber sie war weder aufregend noch stimulierend und nicht im mindesten originell. Menschen mit blauen Flecken auf der Seele sind letztlich viel interessanter. Ihre Wunden bilden das Kapital, aus dem heraus sie ihre Fähigkeiten entwickeln, den Nährboden, auf dem Einfühlungsvermögen und Ansporn zu großen Leistungen gedeihen.

Nichts in unserer Vergangenheit hätte anders laufen dürfen, sonst wären weder Sie noch ich der Mensch geworden, der wir heute sind. Wir hätten keine anderen Eltern haben oder andere Erfahrungen machen dürfen. Mit der Vergangenheit zu hadern, hat also keinen Sinn. Das einzige, was wir mit Fug und Recht bedauern können, sind die aufgrund unserer Vergangenheit entwickelten Denkmuster, aber es liegt in unserer Macht, diese zu ändern. Dazu müssen wir nur die eingefahrenen Spuren, auf denen unsere Denkmuster basieren, verlassen, den Menschen verzeihen, die uns den falschen Weg gewiesen haben, und beobachten, geduldig ausharren und gleichzeitig Alternativen zu unserer bisherigen Lebensweise ausprobieren. Die Geschichte unserer Jugend bleibt die gleiche, aber die Macht, mit der sie uns an alte, überholte Denkmuster bindet, wird gebrochen.

Fünf, sechs Jahre lang widerfuhr Poppy nur Gutes. Sie hatte ein Haus, um darin zu leben. Sie hatte zu essen, soviel sie wollte. Sie wurde gepflegt, wenn sie krank war. Sie hatte Katzenminze zum Wälzen und Spielzeug zum Spielen, ein großes Grundstück zum Umherstreifen und ein Feld zum Jagen. Und Trot und Socksie, ihre Freunde. Aber Poppy verlor nie ihre Angst vor Mißhandlung.

Aus einem Grund, auf den ich später noch eingehen werde, mußten wir Trot schließlich weggeben.

Die Besitzerin einer Pferdefarm erbot sich, Trot aufzunehmen. Bei ihr würde er in den Ställen leben können, wo es noch andere Katzen gab, die von Stallburschen mit Futter und Wasser versorgt wurden. Entweder das, oder wir hätten Trot einschläfern lassen müssen. Wir nahmen also das Angebot dankbar an und fragten, ob Poppy Trot begleiten dürfe, da die beiden so sehr aneinander gewöhnt seien. Wir dachten, Poppy sei Trot in seinem Exil vielleicht ein Trost, und für Poppy mache es kaum ein Unterschied, da sie ohnehin im Keller hauste.

Nachdem Trot und Poppy im Stall freigelassen worden waren, wurde Poppy gesehen, wie sie über die Weide streifte. Und niemand sah sie je wieder. Poppy hatte am Ende also doch recht behalten: Die Welt war grausam, und niemand kümmerte sich um sie.

Wir leben unser Leben gemäß unseren Überzeugungen, gut oder schlecht; diese Überzeugungen erschaffen unsere Realität, gut oder schlecht. Unserer Ansicht nach ist die Welt entweder so oder so, und auf lange Sicht erweist sie sich stets als genau so, wie wir denken, daß sie sei. Gut oder schlecht.

Chester

Bücher über den Umgang mit Katzen geben klare Anweisungen, wie man eine neue Katze in einen Haushalt integrieren soll. Handelt es sich bei dem Neuankömmling um einen Streuner, wird empfohlen, ihn einige Tage lang in einem Badezimmer oder Gästezimmer unter Quarantäne zu stellen, versorgt mit Essen, Wasser und einem Katzenklo, und ihn erst nach und nach mit den anderen Tieren im Haus bekanntzumachen. Selbst wenn ich es übers Herz brächte, eine verängstigte Katze allein einzusperren, führt das meiner Erfahrung nach nur dazu, daß die alteingesessenen Katzen die paar Tage lang unter dem Türspalt durchschnüffeln und einen geradezu beängstigenden Haß auf das Wesen auf der anderen Seite der Tür aufbauen, während die neue Katze ihrerseits zu der Überzeugung gelangt, das Haus werde von Drachen bewohnt. Meiner Meinung nach ist es besser, das Bekanntmachen auf einen Schlag hinter sich zu bringen, denn dann verblüfft die unerwartete Ankunft des Neuankömmlings die alteingesessenen Katzen ebenso wie ihn das plötzliche Versetztwerden an einen fremden Ort, und beiden Seiten bleibt keine Zeit, irgendwelche Animositäten zu entwickeln.

Als Connie und ich Chester auf dem Parkplatz aufsammelten und ihn an jenem Samstagabend spät mit nach Hause brachten, setzten wir ihn folglich gleich hinter der Eingangstür ab und ließen ihn laufen, damit er die neue Umgebung erkunden konnte. Seine Nase sagte ihm, daß andere Katzen vor kurzem ihren Duft hinterlassen hatten, und er schnürte Richtung Küche, wie das nur eine Katze kann, verhalten nach hinten gelehnt und gleichzeitig vorwärtsschleichend, aber weder meine Kate noch Connies Pickles ließen sich blicken. Chester konnte also wie Schneewittchen in Muße ihre Futternäpfe inspizieren und ihre Ausguckplätze ausprobieren.

Kate und Pickles entdeckten ihn am Morgen. Böses Geknurre und Gefauche vergiftete die Atmosphäre. Angesichts dieser mehr als unfreundlichen Begrüßung verhielt sich der neue Kater mit beeindruckender Würde und Zurückhaltung. Er setzte sich lediglich ein wenig aufrechter hin und wich mit dem Kopf den nach ihm schlagenden Pfoten aus, so daß die eingesessenen Katzen ihre Einschüchterungsversuche bald aufgaben und sich mit der weitaus interessanteren Frage beschäftigten, was es zum Frühstück geben sollte.

Im Morgenlicht sahen wir, daß der Neuankömmling weniger rötlich, sondern blond war, ein creme-beiger Langhaarkater mit weißem Latz, weißen Büscheln zwischen den Zehen und in den Ohren, langen weißen Schnurrhaaren, einem üppigen Schwanz und klaren Bernsteinaugen. Chester war zwar kein reinrassiger Perser, aber bestimmt eng mit einem verwandt.

»Wie geht's dir heute morgen?« fragten wir ihn. »Ganz so verloren siehst du nicht mehr aus, aber wahrhaftig auch nicht so, als seist du hier daheim.« Wir tätschelten den Kater ein bißchen, aber weder Connie noch ich hoben ihn hoch, vermutlich weil er so reserviert wirkte, so selbstbeherrscht. Er erweckte den Eindruck, als sei ihm alles recht, als überließe er es völlig uns, ob wir ihn mochten oder nicht, ob uns etwas an seinem Schicksal lag oder nicht. Connie rief bei der Polizei und dem Zuständigen der Tierhilfe des Bezirks an. Niemand hatte nach einer vermißten karamelfarbenen Katze gefragt, und wir konnten nichts weiter tun, als unsere Telefonnummern samt seiner Beschreibung zu hinterlassen.

Am Nachmittag kamen Freunde vorbei, und da wir zwischen der Terrasse und dem Haus hin- und hergingen, schwang die Fliegentür auf, und Chester schlüpfte hinaus. Einer der Gäste deutete auf ihn, als er gerade um die Hausecke verschwand. Connie war drinnen beschäftigt, und bevor ich hinter ihm hereilen konnte, war er bereits im Dickicht der wilden Rosensträucher am Ufer des Baches auf der anderen Seite des Hauses untergetaucht und damit so gut wie unauffindbar. Nur um ganz sicherzugehen, machte ich die Runde und ging ein Stückchen die Hügelstraße hinauf.

Ich wollte eben umkehren, als ich ihn doch noch entdeckte. Er marschierte mit entschlossenen Schritten am Bachbett entlang in Richtung auf die Stadt Chester. Ich konnte nicht zu ihm hinunter gelangen, denn die Uferböschung war zu steil und zu dicht bewachsen, aber auf der Straße konnte ich ihn im Auge und mit ihm Schritt halten. Ich fürchtete, wenn ich nach ihm rief, würde er vor Angst blindlings drauflosrennen. Deshalb begann ich, langsam und leise auf ihn einzureden, als würde ich Selbstgespräche führen, nur um ihn wissen zu lassen, daß ich da war.

»Gutes Kätzchen, nach Chester mußt du viele Kilometer laufen. Es ist so weit, daß du unterwegs in irgendwelchen Häusern Rast machen und darum bitten mußt, eingelassen und gefüttert zu werden und dir das verfilzte Fell kämmen zu lassen. Du wärst wirklich besser dran, wenn du bei uns bleiben würdest. Wir versuchen, deine Leute zu finden, und falls uns das nicht gelingt, nimmt dich Connie zu sich, und dann wohnst du in einer großen Wohnung an der Fifth Avenue.«

Das Unterholz lichtete sich. Der Kater hatte freie Bahn in zwei Richtungen, entweder nach links über offene Felder auf Chester zu, oder nach rechts zur Straße hin und zu mir. Er zögerte. Ich redete weiter. Er blickte gen Chester. Ganz langsam, als würde er von der Vergangenheit Abschied nehmen, wandte er sich um, überquerte auf Steinen den Bach, kletterte die Uferböschung hinauf, kam zu mir und ließ sich hochheben. Ich hatte weniger den Eindruck, daß er unbedingt bleiben wollte, sondern eher, daß er zu höflich war, um wegzugehen, daß er es nicht über sich brachte, sich so ungehobelt zu benehmen und mir den Rücken zu kehren und mich einfach stehenzulassen, wo ich doch so nett zu ihm sprach.

Klingt es seltsam, einer Katze gute Manieren zuzuschreiben? Auch Connie machte schon bald Bemerkungen über die Höflichkeit dieses Katers. Als sich kein Eigentümer meldete und niemand Anspruch auf ihn erhob, nahm sie Chester mit zu sich nach New York. Da Pickles Connies Wohnung als ihr Revier betrachtete, äußerte sie ihr Mißvergnügen über Chesters

Anwesenheit mit häufigem Gefauche und kam über ihn wie eine Bauersfrau über Küken im Gemüsegarten. Chester nahm die von ihm keineswegs provozierten Attacken ruhig hin, wartete artig ab, bis Pickles ihre Fassung wiedergefunden hatte und setzte dann seinen Weg unbeirrt fort. Das reizte Pickles anfangs bis zur Weißglut – vermutlich juckte es sie nach einem lautstarken, fetzigen Kampf um die Rangordnung –, aber als sie so langsam begriff, daß Chester keineswegs die Absicht hatte, ihr ihre Vorrangstellung in irgendeiner Form streitig zu machen, mochte sie ihn mit der Zeit sogar ein bißchen und schlug nur mit der Pfote nach ihm, wenn sie noch paranoider war als gewöhnlich.

Im Unterschied zu anderen Katzen, die, wie es jemand einmal amüsant beschrieb, nicht auf Kommando kommen, wenn man sie ruft, sondern eine Nachricht entgegennehmen und daraufhin huldvoll zurückkehren, gehorchte Chester ausnahmslos prompt, sobald er mit seinem Namen vertraut war, aber er zog es unmißverständlich vor, nicht hochgenommen oder festgehalten zu werden. Trotzdem ließ er es, wenn es sein mußte, geduldig über sich ergehen und schnurrte sogar zur Antwort, wenn man mit ihm sprach. Er wand sich nie und kratzte nie, wenn er abgesetzt werden wollte, versteifte auch nie die Beine, um ein Gesicht wegzuschieben, wenn man ihn mit dem Bauch nach oben hielt und ihm einen Nasenkuß gab. Allerhöchstens entrang sich ihm ein kleiner Klagelaut, wenn ihm die Liebesbezeugung zu lange dauerte.

Als ein dreijähriges Kind zu Besuch kam, war Chester der einzige unter den Katzen, der so höflich war, sich nicht zu verstecken. Prompt wurde er um die Mitte gepackt und fast den ganzen Tag herumgeschleppt. Wäre es eine der anderen Katzen gewesen, hätten wir sie dem Kind weggenommen, weil die Gefahr bestand, daß es gebissen oder gekratzt würde, aber mit Chester wußten wir das kleine Mädchen in Sicherheit. Seine guten Manieren behielt er stets bei. Er war eine Katze, mit der sehr leicht auszukommen war, eine Katze, die andere Katzen und Menschen mochten und der sie vertrauten.

Gute Manieren haben diesen beruhigenden Effekt. Wie der weiße Mittelstreifen auf der Straße machen sie Verhalten vorhersehbar, verhüten Zusammenstöße und sorgen für einen glatten Ablauf der Geschehnisse. Was das angeht, spielt es keine Rolle, ob es eine Katze ist, die gute Manieren hat, oder ein Mensch. Eigentlich bedauerlich, daß im Namen von Individualität und Freiheit kein Wert mehr auf gutes Benehmen gelegt wird. Wir verhalten uns immer weniger nach den Regeln der Zivilisation, sondern leben mehr und mehr so, wie es uns gefällt. Es ist seltsam, aber ich habe den Eindruck, die Menschen sind dadurch nicht entspannter und ungezwungener geworden, im Gegenteil. Da allgemein anerkannte, als Leitlinien fungierende Verhaltensregeln fehlen, müssen wir uns gezwungenermaßen ständig vorsehen und darauf achten, unsere Person, unser Eigentum und unsere Privilegien zu schützen. Das Leben ist weniger angenehm und weniger geordnet, und man muß der eigenen Sicherheit viel Aufmerksamkeit widmen, die besser in lohnendere Aufgaben investiert würde.

Menschen, die hierzulande, wo sofort ein sehr vertraulicher Umgangston gepflegt wird, noch Wert auf gutes Benehmen legen, wirken zwangsläufig ein wenig steif. Lernen sie einen anderen Menschen kennen, behandeln sie ihn nicht sofort als Kumpel. Sie lassen sich nicht näher auf jemanden ein, gehen nicht aus sich heraus, solange sie nicht sicher sind, ob ihnen der Betreffende wirklich sympathisch ist und ob sie gut miteinander auskommen. Sie verpflichten sich zu nichts, bevor nicht Vertrauen und gegenseitiges Verständnis gewachsen sind. Genauso war Chester. Er brauchte lange, bis er sich Connie anschloß und, nachdem Connie mit ihm und Pickles nach Go Well gezogen war, an mich.

Ähnlich wie Menschen mit einem zurückhaltenden Wesen brauchte auch Chester die Sicherheit anerkannter Grenzen, bevor er Brücken bauen konnte. Er mußte sicher sein können, daß seine Grenzen respektiert wurden, bevor er auf deren Verteidigung verzichten konnte. Wir hatten keine Möglichkeit, etwas über Chesters Vergangenheit zu erfahren, aber nach seinem Verhalten zu schließen, war er gewohnt, ohne Nähe auszukommen, als sei er, solange er denken konnte, auf sich selbst gestellt gewesen, als habe man zwar für ihn, sich aber nicht um ihn gesorgt.

Obwohl er sich nie freiwillig auf einen Schoß setzte, war Chester durchaus nicht ungesellig. Er verschwand nicht einfach, sondern verbrachte die Abende im Wohnzimmer, und sprach man ihn an, begann er laut und grollend zu schnurren. Er war umgänglich, aber autonom wie ein Bewohner eines abgelegenen Bergdorfs, freute sich, wenn er Aufmerksamkeit bekam, brauchte sie aber nicht und suchte sie nie.

Je länger ich Chester kannte, um so stärker erinnerte er mich an einen Junggesellen, den Typ Mann, dem vermutlich jeder irgendwann einmal begegnet ist. Ich meine einen charmanten, geistreichen, attraktiven, häufig hilfsbereiten, warmherzigen und umgänglichen Mann, aber einen Einzelgänger, keinen Cowboy aus dem Wilden Westen, der einsam von Ort zu Ort reitet, sondern einen Menschen, der einer endgültigen Bindung konsequent aus dem Weg geht. Ich frage mich, ob manche Junggesellen ihren Ruf, Herzensbrecher zu sein, dieser fundamentalen Abkapselung verdanken? Mit den mir bekannten Männern, die in diese Kategorie gehören, war es sehr schön, zusammenzusein, und unvermeidlich kamen Phantasien in Gang. Man meint den Richtigen gefunden zu haben, wenn man selbst ungebunden ist, den Richtigen für sich selbst, ansonsten den Passenden für die Schwester, Tochter oder Freundin. Aber sämtliche Kuppeleiversuche und Bemühungen führen zu nichts, und da der Mann keine Fehler zu haben scheint, schließt man aus den vergeblich gebliebenen Anstrengungen, man selbst oder wer sonst als Auserwählte gedacht war, sei nicht gut, nicht anziehend, nicht attraktiv oder nicht unwiderstehlich genug, um seine Liebe zu erringen, und vergießt Tränen über die verpaßte Chance. Inzwischen habe ich begriffen, teilweise durch die Beobachtung von Chester, daß sich eine solche Beziehung nie vertieft oder weiterentwickelt, weil dieser Mann strikt auf die Einhaltung eines Sicherheitsabstands achtet. Dieser Abstand ist nicht groß, er ist unsichtbar, fast nicht zu erkennen, aber unüberwindlich. Woher kommt er? Warum wird er aufgebaut?

Der einzige Hinweis, den Chester uns auf sein früheres Leben gab, war seine Vorliebe für Zeitungen und braune Papiertüten. Konnten wir die Tageszeitung nicht finden, lag sie unter Chester. Hoben wir eine scheinbar leere Einkaufstüte auf, die sich als unerwartet schwer erwies, lag Chester darin zusammengerollt auf dem Boden. Diese Vorliebe für Zeitungen und Tüten ließ darauf schließen, daß er eine Ladenkatze gewesen war, und in diesem Fall blieb ihm gar nichts anderes übrig, als emotional unabhängig zu sein. Lagen wir mit unserer Vermutung richtig, waren ständig Leute um ihn gewesen, die kamen und gingen, doch zu niemandem hatte er eine Beziehung aufbauen können. Dann wurde er zwar gestreichelt und bewundert, doch es handelte sich stets um einen kurzen Kontakt, der nie lange genug dauerte, als daß er hätte Liebe und Vertrauen aufbauen können. Er lernte vielmehr, daß er im Grunde völlig allein war, egal wie viele Leute um ihn herum waren; mochten noch so viele Menschen ihm den Kopf tätscheln, wenn er Arme und einen Schoß gebraucht hätte, war niemand da. Sein emotionaler Rückhalt mußte aus ihm selbst heraus kommen.

Distanzierte Menschen, die Nähe und intensiven Beziehungen beharrlich aus dem Weg gehen, wuchsen möglicherweise in einer ähnlichen Situation auf: zum Beispiel mit vielbeschäftigten Eltern, die kommen und gehen und höchstens mal Zeit haben, dem Kind flüchtig über den Kopf zu streichen; mit einer Mutter, die ihr Kind ersatzweise zum erwachsenen Partner macht, der sich um sie kümmert; mit einem alkoholabhängigen Elternteil, der ständig aufgefangen und aufgerichtet werden muß; mit einem Elternteil, der abwesend oder verstorben ist – in einer Situation, in der ein Kind früh erwachsen werden und Verantwortung übernehmen muß, weil niemand Verantwortung für das Kind übernimmt. Das Kind lernt früh, auf sich allein gestellt zu sein. Dieser Prozeß läßt sich später nicht mehr rückgängig machen.

Diese Menschen besitzen eine bewundernswerte Eigenschaft, und die war auch bei Chester zu beobachten. Sie haben ihr Leben normalerweise gut im Griff, Chaos ist auf ein Minimum reduziert. Ihr Ego braucht kaum Streicheleinheiten. Sie erinnern an guteingewickelte Pakete, nicht an solche mit aufgeplatzten Nähten, aus denen der Inhalt herausquillt. Da sie nicht alles auf eine Karte setzen, sprich auf eine bestimmte andere Person, auf diese eine einzige intime Beziehung, pflegen sie in der Regel viele und verschiedene Freundschaften und führen ein reges gesellschaftliches Leben. Man denke zum Beispiel an den Autor Henry James, der während der Saison in London jeden Abend zum Essen eingeladen war.

Sind diese Menschen zu bedauern, weil sie das Gefühl, eins zu sein mit einem anderen Menschen, die in einer Ehe oder langjährigen Beziehung entstehende unvergleichliche Nähe nicht kennen? Ja und nein. Nein und ja. Liebe bietet Entfaltungsmöglichkeiten, die sich mit nichts vergleichen lassen, aber diese Möglichkeiten werden so selten lustvoll umgesetzt, daß ein Leben ohne sie ebenso sehr Segen wie Fluch sein kann. Und einem Leben ohne Liebe muß es nicht notwendigerweise an Bedeutung und großer Befriedigung fehlen.

Chester fand Sinn und Befriedigung in einer Tätigkeit, die auch für viele Menschen zum Lebensinhalt wird: Arbeit. Wir heben heute zwischenmenschliche Beziehungen in den Himmel, sie stehen im Mittelpunkt unseres Lebens, stets heißt es, sie machten das Leben erst lebenswert. Aber Arbeit, eine sinnvolle Arbeit, an die man mit Herzenslust herangeht, ist ebenfalls höchst befriedigend. Eine reizvolle Arbeit kann einen ebenso in Anspruch nehmen wie die Liebe, aber im Unterschied zur Liebe zehrt sie nicht auf, was sie nährt, sondern sorgt für wachsendes Interesse und Anerkennung und bietet ebenfalls Entfaltungs- und Weiterentwicklungsmöglichkeiten. In Arbeit lassen sich Energie und Intellekt anregend investieren. Sie sorgt dafür, daß man weiß, wo man hingehört, und vermittelt Identität. Sie ist das Grundgerüst, das dem Leben seine Form verleiht.

Die Arbeit, die Chester für sich wählte, war die Jagd. Er machte sich des Morgens auf und blieb fast den ganzen Tag lang draußen. Draußen heißt, er blieb in der Nähe, so daß wir ihn gelegentlich zu sehen bekamen und mit ihm sprachen, aber er kam nicht ins Haus, bevor Abendessenszeit war. Die leichte Aufgabe, unter den Vogelhäuschen auf der Lauer zu liegen, war unter seiner Würde. Er fand es interessanter, die Pachysandrabeete oder das Immergrün im Auge zu behalten und gespannt auf die leichten Bewegungen zu achten, die darauf hindeuteten, daß sich ein Nagetier unter den Pflanzen bewegte. Er kauerte regungslos auf einer Steinmauer und starrte gebannt in einen Spalt, aus dem ein Backenhörnchen auftauchen könnte, oder er streifte durch den Wald hinter dem Grundstück und hielt Ausschau nach Eichhörnchen oder Kaninchen. Sehr oft sah ich ihn aus dem Wald auftauchen und mit staksend erhobenen Pfoten den Weg entlangkommen, den Kopf unnatürlich hoch erhoben, damit er nicht auf seine Beute trat, und dann wußte ich, er hatte eine Viper gefangen, denn die kleine Schlange baumelte wie ein schlaffer Ring aus Chesters Maul.

Seine fast immer unverletzte Beute legte er, wenn jemand draußen war, mit Vorliebe neben dem Betreffenden ab, ansonsten auf dem Weg zum Haus. Nachsichtig wartete er, wie sich das Tier weiter verhalten würde. Mäuse konnten offensichtlich ihr Glück, freigelassen zu werden, nicht fassen und blieben etliche Sekunden lang unbeweglich liegen, bis sie endlich wieder zu Verstand kamen und davonflitzten. Gestreifte Backenhörnchen wiederum fingen sofort mit einem Rundtanz an, der auf Verletzungen schließen ließ. Als ich zum erstenmal Zeugin dieser Vorstellung wurde, dachte ich, Chester hätte dem Tier einen neurologischen

Schaden zugefügt, denn das Backenhörnchen taumelte mit weit zur Seite geneigtem Kopf im Kreis, zog ein Bein nach und vollführte seltsame kleine, sinnlose Hopser und Hüpfer. Aber als ich mich bückte, um es hochzuheben, rannte es blitzartig in Deckung. Erst nachdem ich die gleichen Kreistanzbewegungen bei mehreren gefangenen Backenhörnchen gesehen hatte, dämmerte mir, es könne sich um einen Bluff handeln, der den erfolgreichen Jäger von der tödlichen Verwundung seiner Beute überzeugen soll, damit seine Wachsamkeit nachläßt und sich dem Backenhörnchen eine Chance zur Flucht bietet. Schlangen wiederum rührten sich überhaupt nicht, sondern blieben wie leblos liegen, selbst wenn Chester sie mit der Pfote anstupste. Zum Glück war ich, bevor ich von diesem Trick zum Totstellen wußte, zu zimperlich, um die Schlange aufzuheben und wegzuschaffen. Ich holte lieber einen Rechen und nahm sie mit einer Zinke auf. Blitzschnell rollte sich die Schlange um die Zinke und züngelte nach mir. Da wußte ich, ich durfte sie nicht in den Fluß werfen, sondern mußte sie auf dem Feld über der Straße aussetzen.

Chesters Ziel war nicht zu töten oder zu vernichten, ihm ging es um das Engagement für seine Arbeit, und das war das Fangen der Tiere. Nichts anderes. Hatte er uns seine Beute mit offenkundigem Stolz präsentiert, ließ er das Geschöpf bereitwillig frei, wie ein Angler, der eine Forelle in den Bach zurückwirft. Die Befriedigung und der Genuß, die ihm seine Arbeit verschafften, unterschieden sich meiner Meinung nach in nichts von dem Erfolgserlebnis, das Menschen aus ihrer Arbeit beziehen. Sie vermittelte ihm Vertrauen in seine eigenen Fähigkeiten. Sie verschaffte ihm einen geregelten Tagesablauf. Sie gab seinem Leben einen Sinn.

Die amerikanische Impressionistin Mary Cassatt schrieb einmal in einem Brief an ihren Bruder: »Ich arbeite, und das ist das ganze Geheimnis von Zufriedenheit im Leben.« Vor einigen Tagen fielen mir diese Worte wieder ein, als ich im Postamt in einer Schlange hinter einem lässigen Typ mit Lederjacke stand, der von einem Freund begrüßt wurde.

»He Kumpel, was treibst du? Arbeitest du?«

»Spinnste?« antwortete der Typ geringschätzig und prahlte damit, seine Mutter versorge ihn mit Taschengeld. »Hoffentlich behält sie den Scheißjob«, fuhr er fort. »Arbeit ist bloß was für Idioten.«

In mir rührte sich der fast übermächtige Drang, dem Burschen auf die Schulter zu tippen und zu sagen: »Du hast ja keine Ahnung, wie weit du danebenliegst. Arbeit ist die gehaltvolle Seite des Lebens, die Seite, in der du total aufgehen kannst, aus der du echte Substanz ziehen kannst.«

Natürlich hätte er mir ohnehin nicht geglaubt. Arbeit steht in schlechtem Ruf. Mit Arbeit ist die Menschheit seit Kain und Abel angeblich geschlagen. Weil sie dann die Arbeit endlich hinter sich haben, freuen sich Menschen ihr Leben lang auf den Ruhestand. Arbeit ist der Grund, warum Menschen in der Lotterie spielen oder an der Börse Millionen scheffeln wollen, eben um nicht mehr arbeiten zu müssen. Sicher, in manchen Teilen der Welt ist Arbeit eine schreckliche Mühsal und Plage, und auch bei uns, in den Hüttenwerken und Fabriken, war Arbeit einmal gleichbedeutend mit endloser Schufterei, unmenschlichen Bedingungen und unbarmherziger Ausbeutung. Doch die Gewerkschaften haben das geändert. Die Arbeiter organisierten sich und setzten vernünftige Arbeitszeiten und Arbeitsschutzgesetze durch, in denen der Rahmen dessen festgelegt wurde, was von ihnen verlangt werden darf. Das war an sich eine hervorragende Sache, hatte aber unvorhergesehene Konsequenzen. Im Zuge des Kampfes gegen die Ausbeutung der Arbeiter wurde die Arbeit an sich als Ausbeutung angesehen, und der Gedanke, es sei am Erstrebenswertesten, so wenig wie möglich zu arbeiten, verbreitete sich in weiten Kreisen.

Ich arbeitete einmal in einem Verlag mit einem Kollegen zusammen, der diese Überzeugung nachhaltig verfocht. Wir bearbeiteten medizinische Lehrbücher, aber Hank las während der Arbeitszeit meistens Romane, die er in seiner Schreibtischschublade versteckt hatte. Kam der Chef herein, schloß er rasch die Schublade und blickte auf, den Bleistift in der Hand, ein leichtes, konzentriert wirkendes Stirnrunzeln auf dem Gesicht, als würde er eben darüber nachdenken, ob an eine bestimmte Stelle ein Komma käme oder nicht. In Wahrheit kümmerte es Hank wenig, wo ein Komma stehen sollte, und medizinische Texte interessierten ihn noch weniger. Sein Interesse bestand darin, den Verleger auszutricksen. Dieser war bestrebt, möglichst viel Arbeit für möglichst wenig Geld zu bekommen, während Hank bestrebt war, möglichst viel Geld mit möglichst wenig Arbeit zu verdienen. Müßte ich Punkte vergeben, würde ich sagen, Hank hat besser abgeschnitten als der Verleger. Aber eigentlich hat er weit mehr verloren als gewonnen. Während wir anderen beim Korrekturlesen erstaunlich viel über Medizin lernten und oft völlig in die Texte vertieft waren, litt Hank, der die Manuskripte lediglich überflog, unter chronischer Langeweile und Gereiztheit. Er fand die Arbeit nervtötend, weil er lediglich auf falsch geschriebene Wörter achtete, wir anderen fanden die Arbeit dagegen vielschichtig, weil wir uns eingehend mit dem jeweils behandelten Thema beschäftigten. Die Arbeit nahm uns völlig in Anspruch, und wir profitierten von ihr, weil wir eine Menge lernten; Hank war keineswegs in Anspruch genommen und fand sie vollkommen uninteressant, weil er sich nur alles vom Hals halten wollte.

»Nicht Schwerarbeit ist trostlos, sondern oberflächliche Arbeit«, sagte die Humanistin Edith Hamilton, und dem würde ich hinzufügen: »Oder oberflächlich erledigte Arbeit.« Am schönsten ist es, wenn man sich bei der Arbeit selbst vergißt. Es ist schon zu lange her, so daß ich mich nicht mehr daran erinnere, welcher

Schriftsteller es war, der einmal gesagt hat, wenn er arbeite, verlasse zuerst die Welt draußen sein Zimmer, dann seine Familie und seine Freunde, dann die Kritiker, und an guten Tagen, wenn ihm die Arbeit wirklich gut von der Hand gehe, verlasse er selbst das Zimmer; soll heißen, er vergaß sich bei der Arbeit, war sich seiner selbst nicht mehr bewußt, er hatte sich von all seinen eigenen Belangen freigemacht. Anne Morrow Lindbergh drückte es in *Muscheln in meiner Hand* folgendermaßen aus: »Wie befreiend, sich beim Schreiben vergessen zu dürfen, seinen Gefährten zu vergessen, zu vergessen, wo man ist oder was man nachher tun wird – in der Arbeit versinken wie im Schlaf oder im Meer.«

Diese Erfahrung läßt sich mit nichts vergleichen, und sie beschränkt sich nicht im mindesten auf Schriftsteller. Wissenschaftler, Stahlarbeiter, Zimmerleute, Maler, Mechaniker und Ingenieure, Landschaftsgärtner, Musiker – jeder, der sich leidenschaftlich mit dem Herstellen, Entwerfen, Entdecken, Reparieren oder Erschaffen von Dingen beschäftigt – kann jederzeit die Erfahrung machen, daß alles andere um ihn herum versinkt und er im Mittelpunkt der Welt steht.

Aus diesem Grund wirkt Arbeit bei Schmerz betäubend, ist sie das wirksamste Gegenmittel bei Enttäuschung, Verzweiflung oder Verzagtheit, das beste Mittel zur Bewältigung einer Tragödie. »Arbeit ist das beste schmerzstillende Mittel«, schrieb Leonard Woolf in seiner Autobiographie, »...ob der Schmerz im großen Zeh, in den Zähnen, im Kopf oder im Herzen sitzt.«

Wieviel Wahrheit darin steckt, wurde mir klar, als

ich meine Schwester im Krankenhaus besuchte. Die Patientin im Nebenbett war von einem von ausströmendem Dampf herausgeschleuderten Schachtdeckel ins Gesicht getroffen worden. Trotz des durch die Entstellung verursachten psychischen Leids und des physischen Schmerzes infolge einer Reihe plastischer Operationen vergaß sie sich täglich für ein paar Stunden in der intensiven Beschäftigung mit ihrer Arbeit, dem Entwerfen von Küchen.

Menschen sind im Streben nach Glück am erfolgreichsten, wenn sie erkennen, welches Glück auf dem Weg liegt, der zum Ziel führt.

Habe ich in meiner Begeisterung für die Arbeit übertrieben? Sehr wahrscheinlich, denn bei diesem Thema vertrete ich eine ganz entschiedene Ansicht, allerdings auch nicht entschiedener als der unbekannte Verfasser der folgenden Zeilen:

> *Bist du arm, arbeite. Bist du reich, arbeite. Wirst du mit dir ungerecht scheinenden Verpflichtungen überschüttet, arbeite.*
>
> *Bist du glücklich, arbeite weiter; Müßiggang läßt Zeit für Zweifel und Ängste. Überwältigt dich Kummer und sieht es so aus, als meinten geliebte Menschen es nicht ehrlich mit dir, arbeite. Suchen dich Enttäuschungen heim, arbeite.*
>
> *Verlierst du den Glauben, und die Vernunft läßt dich im Stich, arbeite einfach. Zerbrechen Träume, und alles scheint hoffnungslos – arbeite, arbeite, als befände sich dein Leben in Gefahr; es ist tatsächlich in Ge-*

fahr. Egal, was dir fehlt, arbeite. Arbeite gewissenhaft, und arbeite mit Gewissenhaftigkeit. Arbeit ist das wirksamste Allheilmittel, das es gibt. Arbeit kuriert sowohl mentale wie physische Leiden.

Ich glaube, Chester war die ernsthafteste Katze, die ich je gekannt habe, er behielt seine Würde sogar bei, wenn er sich in Katzenminze wälzte. Katzenminze liebte er außerordentlich, und er bat täglich darum. Dazu setzte er sich vor die Kommode, in der sie aufbewahrt wurde, und warf gelegentlich einen Blick über die Schulter, ob nicht bald jemand vorbeikam und bemerkte, daß er auf sein Extravergnügen wartete. Ein einziges Mal jedoch warf Chester alle Fesseln, die ihm sein Charakter auferlegte, ab und gebärdete sich als wahrer Freigeist.

Es war an einem Sonntagabend, und Connie und ich fuhren nach New York. Chester saß in seinem Käfig, Pickles in ihrem, das Radio lief, und ich begann das Lied »Alice Blue Gown« mitzusingen. Beim zweiten Refrain hob Chessie plötzlich den Kopf, öffnete den Mund und heulte die Melodie. Wir waren sprachlos. Wir applaudierten. Wir brachen in Beifallsrufe aus. Wir lachten. Nie zuvor hatte er etwas Ähnliches getan. Und er tat es nie wieder. Eine mögliche Erklärung für dieses eine einzige Mal fand Connie.

»Du hast so falsch gesungen, daß er es nicht aushalten konnte«, erklärte sie. Ich mußte zugeben, Chessie machte genau das, was alle anderen auch machen, wenn ich singe: versuchen, mich zu übertönen oder durch Mitsingen auf die richtige Melodie zu bringen.

Es ist schlimm genug, wenn man die Töne nicht trifft, aber von einem Kater korrigiert zu werden...!

Aber ich verzieh ihm und liebte Chessie unverändert, und er nahm mir meinen Gesang nicht weiter

übel. Kam er an heißen Sommernachmittagen den Weg aus dem Wald entlanggeschlendert und entdeckte mich auf den Knien beim Unkrautjäten, beschleunigte er seinen Gang und eilte auf direktem Weg zu mir. Mit kehligem Grollen sprach er mich an und brach in rauhe Freudenschreie aus – über sich selbst, den Tag, das Leben und die ganze Welt – und stieß in einem wahren Gefühlsrausch sein Gesicht gegen meines. Im Haus verhielt er sich nie annähernd so, aber im Garten, auf Händen und Knien liegend, befand ich mich in etwa auf Katzenhöhe; dann konnte er aus freiem Entschluß leicht an mich herankommen, und er wußte, ich würde nicht nach ihm greifen, ihn nicht anfassen, weil meine Hände in der Erde beschäftigt waren, würde ihn nicht festhalten, wenn er gehen wollte. Im Wissen, daß es ihm frei stand, jederzeit zu gehen, konnte er sich die Freiheit nehmen zu bleiben.

Im Garten hatte er die von ihm gewünschte Distanz, und dann, und nur dann, fühlte sich Chester so sicher, daß er die Distanz überwinden und all die Gefühle, die tief in ihm verborgen lagen, zum Ausdruck bringen konnte.

Socksie

An einem Winterabend vor etlichen Jahren waren Connie und ich zum Abendessen bei Nachbarn eingeladen. Der Eßtisch stand in einem verglasten Erker, und wie wir da im strahlenden Glanz der Kerzen saßen, warmes Essen auf dem Tisch, funkelnden Wein in den Gläsern, sprang eine magere schwarze Katze mit weißen Strümpfen, weißem Latz und einem von Kampfspuren gezeichneten Ohr aus der dunklen Nacht draußen auf das Fensterbrett. Voller Sehnsucht nach Wärme und Essen öffnete sie weit das Maul zu unhörbaren Schreien, denn die doppelt verglasten Winterfenster schluckten die Laute.

Connie machte Anstalten aufzustehen, aber Sergio, unser Gastgeber, schüttelte den Kopf. »Nicht unsere«, sagte er. »Eine von Cleefie Beams Katzen.«

»Aber Cleefie ist schon seit einem Jahr fort«, antwortete Connie. Cleefie, ein alter Mann, Analphabet und gelegentlich recht jähzornig, hatte in einer Hütte mit einem einzigen Raum an einem Weiher gegenüber von diesen Nachbarn gehaust. Er hatte von Weißbrot, Baked Beans, Tabak und Bier gelebt, und als er nur noch schlecht sah und nicht einmal mehr hell von dunkel unterscheiden konnte, war einer seiner Söhne aufgekreuzt und hatte ihn aus der Bruchbude herausgeholt. Die war inzwischen nur noch eine Ruine, denn nach seinem Weggang hatten dort Vandalen ihr Unwesen getrieben.

»Die ist es gewohnt, draußen zu leben«, meinte Sergio abweisend. In seinen Worten schwang unmißverständlich mit, so lange das Tier am Fenster nicht daran gewöhnt sei, im Haus zu leben, könne es problemlos auch diese Nacht im Freien überstehen, immerhin die kälteste Nacht des Jahres, wie sich bald herausstellte. »Ciao!« brüllte er und pochte an das Fenster, um die geisterhafte Erscheinung zu verscheuchen. Sergio war Italiener und verschwendete nicht mehr Gefühl an Tiere als Cleefies Sohn, oder, was das betrifft, Cleefie selbst. Eines Tages war ich stehengeblieben, um dem alten Mann guten Tag zu sagen, und war entsetzt über die dick mit Blut vollgesogenen Zecken in den Gesichtern etlicher junger Kätzchen, die zu seinen Füßen spielten. Als ich fragte, warum er die Zecken nicht entferne, antwortete Cleefie gleichmütig, die würden schon von alleine abfallen, wenn sie sich am Blut der Kätzchen satt gefressen hätten.

Jane, Sergios Frau, kam mit warmen Brötchen aus der Küche zurück. Auch sie zuckte nur die Achseln, als sie die Katze sah. Da wir schlecht einen Streuner in das Haus anderer Leute einlassen konnten, waren Connie und mir die Hände gebunden, und als wir uns schließlich verabschiedeten und auf der schneeverharschten Straße nach Go Well zurückgingen, war die Katze verschwunden.

Erst im Frühjahr sahen wir die Katze wieder, als wir gelegentlich einen Blick auf eine oder mehrere von

Cleefies verlassenen Katzen erhaschten, die sich in Löcher unter den Ruinen der Hütte duckten oder am Weiherrand tranken. Da sie beim Geräusch herannahender Schritte verschwanden und sich offensichtlich allein durchs Leben schlagen konnten, gingen wir davon aus, daß sie, außer vielleicht in einer bitterkalten Nacht, keine menschliche Einmischung in ihr Leben wünschten und machten keinen Versuch, uns ihnen zu nähern.

Der Sommer und ein weiterer Winter gingen ins Land, bevor sich eine der Katzen in der Nähe von Go Well herumzutreiben begann. Wir hörten sie oft, bevor wir sie zu Gesicht bekamen. Sie hatte eine rauhe, kratzige Stimme, vielleicht weil sie als Kätzchen Cleefie Beams Pfeifenrauch hatte einatmen müssen, und sie rief drängend, aber auch ein bißchen klagend von irgendwo aus dem Wald nach unseren Katzen, als sehne sie sich nach ihrer Gesellschaft, habe aber Angst, sich zu nähern. Eines Tages, als Connie und ich im Garten waren, aber auf Händen und Füßen und somit außer Sicht, spazierte eine Katze oben auf der Böschung des alten Bahngleises heran, und wir bekamen sie endlich zu sehen: Ein staubbedeckter, ungepflegter schwarzer Kater, nur aus Haut und Knochen bestehend, mit einem derart ausgezehrten Körper, daß sein Kopf im Vergleich dazu riesig aussah. An den weißen Pfoten, dem weißen Brustlatz und dem lädierten Ohr erkannten wir ihn als den Kater von der Fensterbank vor zwei Wintern, und wir freuten uns, daß er noch lebte. Wir machten eine Bewegung, um ihm etwas zu essen zu holen, aber als er uns bemerkte, flüchtete er in das Gestrüpp der Böschung.

Am nächsten Nachmittag kam er wieder und wanderte maunzend oben auf der Böschung entlang. »Wenn ich es mir recht überlege«, bemerkte ich zu Connie, »habe ich seit wer weiß wie lange keine Katzen mehr bei Cleefies alter Hütte gesehen. Ich frage mich, ob die da als einzige übriggeblieben ist. Meinst du, der fühlt sich einsam?«

Er hörte sich einsam an. Trotz seiner funkelnden gelben Augen und seines grimmigen, rabiaten Aussehens lag ein wehmütiger Unterton in seiner Stimme, wenn er unsere Katzen rief und sie aus einiger Entfernung beobachtete, wie sie sich im Gras räkelten. Er erinnerte an eine Waise, die eine glückliche Familienszene beobachtet. Aber als wir uns ihm näherten, verschwand er wieder, so daß wir nichts für ihn tun konnten.

Ein oder zwei Wochen später, an einem Sonntagabend, das Auto war gepackt und wir waren abfahrtbereit nach New York, wollten wir Chester, Pickles und Poppy in ihre Reisekäfige stecken – Kate, die schon als junges Kätzchen viel gereist war, brauchte keinen Käfig im Auto. Die drei anderen haßten es, transportiert zu werden. Schlau und gerissen wie sie waren, versteckten sie sich meist in dem Moment, in dem sie mitbekamen, daß die Abfahrtszeit bevorstand, doch inzwischen kamen wir ihnen zuvor und sperrten sie in das Badezimmer im unteren Stockwerk, bevor wir den Wagen beluden. Wir gingen also an jenem Abend ins Badezimmer, um sie in die Käfige zu verfrachten, da schoß Pickles zwischen Connies Beinen hindurch und war zur Vordertür hinaus, bevor wir sie zu fassen bekamen. Wie ein geölter Blitz verschwand sie unter der Veranda und tauchte in eine dreieckige Aussparung von Katzengröße, die sich an der Stelle befand, an der die Stufen an den Rahmen stießen. Sie da rauszuholen war unmöglich, sie hervorzulocken sehr unwahrscheinlich, denn nun wußte sie ja, was ihr bevorstand. Uns blieb keine andere Wahl, als sie zurückzulassen. Wir füllten eine große Plastikschüssel mit Katzenkeksen, eine zweite mit Wasser, drückten fest die Daumen, daß sie diese Woche auf sich selbst gestellt überlebte, und fuhren ab.

Als die Autoscheinwerfer am nächsten Freitag abend auf die Vorderveranda fielen, tauchte Pickles im Licht auf – und eine zweite Gestalt flitzte in die Nacht hinaus, eine schwarze Gestalt mit weißen Strümpfen. Der wilde Kater hatte anscheinend die Schüssel mit Keksen gewittert und angelockt durch den Duft genügend Mut aufgebracht, um zum Haus zu gehen. Von da an stellte ich jeden Sonntag abend eine Schüssel Kekse für ihn hinaus, und im Sommer, als ich mehrere Wochen hintereinander im Haus auf dem Land blieb, füllte ich die Schüssel jeden Abend.

Eines Abends hörte ich einen dumpfen Schlag auf der Veranda. Nach einem zweiten und dritten lauten Rums blickte ich hinaus und erwartete, den schwarzen Kater zu sehen. Aber da draußen schmatzte ein großes Opossum. Von Zeit zu Zeit legte es die Vorderpfoten auf den Rand der Schüssel, damit sie kippte und ein paar Kekse auf die Veranda fielen, dann ließ es die Schüssel wieder los, und sie fiel mit einem vernehmlichen Schlag in den ursprünglichen Stand zurück. Als ich ein wenig später noch einmal hinaussah, hatte ein mittelgroßes Opossum den Platz des großen eingenommen, und noch ein wenig später ließ es sich ein Babyopossum schmecken. Ich fütterte die ganze Familie durch! Da ich aber den schwarzen Kater ebenfalls gelegentlich kurz erspähte und er nicht mehr ganz so ausgezehrt aussah wie früher, ging ich davon aus, es gelänge ihm, seinen Anteil am Essen zu ergattern.

An einem heißen Sommermorgen machte ich die Kellertür auf und blockierte sie, damit die Luft im Haus zirkulieren konnte. Am Nachmittag ging ich die Treppe hinauf in den ersten Stock, um etwas zu erledigen. Als ich meinen Fuß auf die oberste Treppenstufe setzte, sauste ein Tier mit einer solchen Geschwindigkeit an mir vorbei, daß es beim Hinunterrennen kaum auch nur eine Stufe berührte. Ich kam noch rechtzeitig zum Fenster, um den schwarzen Kater aus dem Keller und um die Hausecke jagen zu sehen. Im Schlafzimmer saßen Poppy und Pickles, jede auf einem Bett, bolzengerade aufgerichtet und guckten reichlich verdattert ob des plötzlichen Tumults. Poppy hockte nicht nur nicht im Keller, was an sich schon eine Überraschung war, sondern direkt neben ihr befand sich eine Ausbuchtung auf der weißen Chenilletagesdecke, und ein Hauch schwarzer Haare war zu sehen. Der schwarze Kater hatte den Weg ins Haus gefunden und mit Poppy Freundschaft geschlossen, und die beiden hatten es sich zusammen auf dem Bett gemütlich gemacht.

Als ich am nächsten Tag die Treppe hinaufging, erfolgte sein Abgang beim Herannahen meiner Schritte bereits weniger überhastet. Der Kater verlangsamte sogar sein Tempo, als er merkte, daß ich nicht die Absicht hatte, auf ihn loszugehen. Tatsächlich schien er eher ziemlich widerwillig abzuziehen. Am nächsten Nachmittag setzte er sich lediglich auf dem Bett auf und starrte mich aus seinen großen gelben Augen an, bereit zum Kampf, wenn es sein mußte, aber auch ein wenig hoffnungsvoll.

»Schon gut«, sagte ich zu ihm. »Du kannst hier schlafen, wenn du magst.«

Der Kater beobachtete mich mit gespannter Aufmerksamkeit, während ich herumwerkelte. Ich ignorierte ihn, die Minuten verstrichen, und langsam fielen ihm die Augenlider zu. Er sank in die Ausbuchtung, die er bereits im Bett hinterlassen hatte. Es weich und bequem zu haben und sich überdies noch sicher vor räuberischen Wesen fühlen zu können, mußte der reinste Luxus für ihn sein, und bald schnarchte er laut.

Vom Hereinkommen ins Haus für ein Nachmittagsschläfchen bis zum Bleiben zu den Mahlzeiten war es danach nur ein kleiner Schritt. Ich vermute fast, der schwarze Kater glaubte, er sei durch schieres Glück geradewegs im Paradies gelandet, denn immer stand eine Schlüssel Trockenfutter an der Katzenverpflegungsstation im Küchenflur, und oft genug hatten die anderen Katzen ein paar Häppchen oder große Brocken übriggelassen oder gar ganze Näpfe voller Dosenfutter nicht angerührt, weil eine Geschmacksrichtung, die sie an einem Tag noch sehr geschätzt hatten, am nächsten Tag aus irgendeinem Grund nicht mehr mundete.

Der schwarze Kater traute seinen Augen kaum, soviel Futter gab es da zur Auswahl, und mindestens einmal am Tag überfraß er sich ernstlich, erbrach sich und kehrte unverzüglich zurück, um weiterzuschmausen. Obwohl ich es wirklich nicht schätzte, wenn er sich auf dem Küchenboden übergab, war ich der Ansicht, ein Tier, das so tapfer und findig ist, um etliche Jahre auf sich selbst gestellt zu überleben, habe es verdient, sich ein angenehmes Leben zu machen, wenn sich ihm die Chance dazu bot. Die schöne Zeit würde nicht von Dauer sein, denn im Herbst mußte ich nach New York zurück.

Das war einer der Gründe, warum ich ihm ganz bewußt keinen Namen gab. Er kam nur an den Nachmittagen ins Haus, und ich hielt mich im Sommer selten drinnen auf, unsere Bekanntschaft war also flüchtig und beiderseits nicht frei von Argwohn. Keiner von uns konnte den anderen richtig einschätzen, er mich nicht, weil ich ein Mensch war, ich ihn nicht, weil er grimmig aussah. Aber auch wenn er abends nicht wieder nach draußen verschwunden wäre, hätte ich ihn nicht zu mir genommen, denn schließlich mußte ich bereits Kate, Poppy und den Golden Retriever an den Wochenenden hin- und herkutschieren. Ich war felsenfest entschlossen, die Menagerie nicht zu vergrößern.

Er blieb also namenlos, bis er mich eines Tages auf den Knien im Garten erspähte und so zielstrebig – die weißen Kniestrümpfe blitzten wie Scherenmesser auf – auf mich zu eilte, daß ich unwillkürlich sagte: »Hallo, Socks.« Gut, Socksie ist praktisch ein Gattungsname für alle Katzen mit weißen Strümpfen. Der Name Socksie war einfallslos, wenn ich ihn mit Socksie ansprach, wurde er dadurch längst noch nicht zu meiner Katze. Es war nur irgendeine beliebige Bezeichnung, die sich auf ihn bezog.

Der September kam, und der Haushalt wurde wieder in die Stadt verlegt. Wehmütig sah Socksie zu, wie ich an den Sonntagabenden das Auto vollpackte; wenn ich am Freitag zurückkam, wartete er entweder auf der Veranda oder tauchte gleich früh am Samstag morgen auf. Eines Sonntag abends ließ ich die Wagentür offen und lief ins Haus zurück, um die letzte Tasche zu holen. Nachdem ich diese verstaut hatte und die Tür zuschlagen wollte, entdeckte ich Socksie im Wagen.

Er kauerte oben auf Poppys Reisekäfig, die weißen Pfoten sorgfältig unter den Körper gesteckt, als wolle er sich ganz schwarzmachen, um nur ja nicht entdeckt zu werden. Aber er konnte nicht anders, er mußte seine gelben Augen fragend auf mich richten und sehen, ob ich ihn hinauswerfen oder dahin mitnehmen würde, wohin immer die Tiere und ich auch verschwinden mochten, wenn wir ihn zurückließen.

»Nein, Socksie«, sagte ich. »Ich kann nicht. Ich kann nicht noch eine Katze brauchen, die ich hin- und herfahren muß. Außerdem würde es dir gar nicht gefallen, wenn man dich in eine Stadtwohnung sperrt.«

Ich hob ihn hoch. Er stöhnte auf und stieß den Kopf unter mein Kinn. Ich hatte nie seine Krallen geschnitten, nicht nur, weil er sie draußen zu seiner Verteidigung brauchte, sondern auch, weil ich mich vor seiner Wildheit fürchtete, und jetzt machte er von ihnen Gebrauch und klammerte sich an meinen Ärmel. »Tut mir leid, Socksie«, sagte ich und löste seine Krallen. »Deine Kekse stehen auf der Veranda. Am Freitag sind wir ja wieder da. Dir fehlt es an nichts.«

Die ganze Woche über dachte ich an ihn, an den Mut, den es ihn gekostet haben muß, in den Wagen zu klettern. Es gehörte wirklich großer Mut dazu, denn sein Leben lang war er vor Autos und Menschen geflohen. Er hatte alles riskiert, weil er dazugehören wollte.

Am nächsten Wochenende ging er bei Sonnenuntergang nicht aus dem Haus, sondern traute sich ins Wohnzimmer hinein, wo Connie und ich vor dem

Abendessen bei einem Drink zusammensaßen. Lange und fest blickte er uns beide an. Langsam kam er auf mich zu, setzte sich vor mich hin und betrachtete prüfend mein Gesicht. Er kam noch näher und legte eine Pfote an die Sesselkante. Als ich nichts sagte, schob er sich langsam auf den Sessel hinauf und duckte sich. Sanft strich ich ihm über den Rücken. Er brachte sein Schnurren auf Hochtouren, es hörte sich an wie das Dröhnen eines sich im Sog einer Welle hin- und herbewegenden Kiesstrandes, und schob sich auf meinen Schoß. Mit jeder Sekunde kühner werdend und noch lauter schnurrend, streckte er sich, bis er seinen Kopf unter mein Kinn zwängen konnte und ließ sich behaglich nieder.

»Er hat gewonnen«, sagte ich zu Connie. »Ich wollte, daß er ein Kater bleibt, der im Freien lebt, aber er möchte lieber ein Kater sein, der im Haus lebt. Und er hat gewonnen.«

»Dachte ich's doch, daß er's schafft«, antwortete sie lächelnd.

Socksie erinnerte mich an den Herausgeber einer Zeitung, den ich vor Jahren in London kennengelernt hatte. Er wollte heiraten, aber seine Auserwählte war in einen Auslandskorrespondenten verliebt. Der flotte Korrespondent tauchte immer ausgerechnet dann wieder aus Afrika oder Fernost auf, wenn der bodenständige Verehrer an Boden zu gewinnen schien. Jedesmal hieß es für den getreuen Eckhard zurück auf Feld eins, trotzdem gab er nie auf. Er zeigte nicht, daß er gekränkt war; er protestierte nicht, weil er bloß die zweite Geige spielen durfte; er hielt sich einfach weiter zur Verfügung, und schließlich kam die Zeit, da der Korrespondent zu lange fortblieb, und die Frau heiratete den Mann, der sie liebte. Soviel zum Thema Ausdauer.

Auch Freundschaften können nach diesem Muster entstehen, es muß sich nur ein Beteiligter hartnäckig darum bemühen. Zur aufdringlichen Nervensäge darf er dabei allerdings nicht werden. In der Werbeagentur, in der ich beschäftigt war, nachdem ich den Verlag verlassen hatte, wurde eine Texterin eingestellt, die einen scharfen Verstand hatte und so forsch war, daß es schon an Schroffheit grenzte. Ich hatte einen gewissen Respekt vor ihr und fühlte mich in ihrer Gegenwart nicht besonders wohl, deshalb zögerte ich, auf die von ihr gemachten Andeutungen bezüglich Freundschaftschließen einzugehen. Aber sie besaß Ausdauer, nahm meine Ablehnungen auf ihre Einladungen scheinbar gleichmütig hin und versuchte es nach einer vorübergehenden Pause erneut. Es dauerte ein paar Jahre, bis sie es schaffte, daß wir wenigstens eine Zeitlang befreundet waren, aber wie Socksie blieb sie hartnäckig – in beiden Fällen zu meinem großen Vorteil, denn mein Leben hatte sich dadurch um diesen Menschen und um diesen Kater bereichert.

Es ist noch nicht ganz so lange her, da war ich diejenige, die hartnäckig am Ball blieb. Nachdem ich aufs Land gezogen war, las ich in der örtlichen Tageszeitung einen Artikel über ein Ehepaar, das ähnliche Interessen hatte wie ich. Eine gemeinsame Freundin machte uns auf meine Bitte hin miteinander bekannt, und wir verbrachten einen schönen Abend zusammen. Danach... nichts. Die beiden führten ein ausgefülltes Leben und hatten in ihrer Gemeinsamkeit keinerlei Bedürfnis nach einer anderen Person. Aber wie die Kollegin damals im Büro der Meinung war, sie würde mir eine gute Freundin sein, wußte ich, ich würde diesem Ehepaar eine gute Freundin sein. Es dauerte lange, aber ich blieb hartnäckig, und jetzt verbindet uns eine echte, enge Freundschaft.

Socksie hatte einen schweren Start ins Leben gehabt. Poppy hatte ebenfalls einen schweren Start ins Leben gehabt. Der Unterschied zwischen den beiden bestand darin, daß Socksie nie die Hoffnung auf eine bessere Zukunft aufgegeben hatte. Anstatt sich von den Umständen unterkriegen zu lassen wie Poppy, versuchte er stets, sein Leben zu ändern und war optimistisch, daß sich alles zum Besseren wenden würde, und das ist meiner Meinung nach das Geheimnis zur Bewältigung eines Traumas.

Als ich einen Menschen verlor, der mir alles bedeutet hatte, kostete es mich gewaltige Anstrengungen, an diesem Schicksalsschlag nicht zu verzweifeln, aber ich versuchte, mich weiterhin für das, was um mich herum geschah, zu interessieren und mich nicht unterkriegen zu lassen. Ich rief mir selbst ins Gedächtnis, daß ich nur dieses eine Leben hatte, sei es im Moment noch so trostlos. Eine zweite Chance, um alles anders und besser zu machen und für einen wunschgemäßen Ausgang zu sorgen, bekäme ich nicht, folglich mußte ich eine Möglichkeit finden, mit diesem einen Leben zurechtzukommen, wenn ich wieder Freude statt Leid empfinden sollte.

Ich war damals alt genug, um zu wissen, daß es an der nächsten Ecke oder hinter der nächsten, spätestens an der übernächsten normalerweise eine Wendung zum Guten gibt. Wenn Sie weitermachen, wenn

Sie den Kopf oben behalten, egal, wie blutig Sie ihn sich geschlagen haben, wenn Sie nie, niemals aufgeben, führt Sie der Weg früher oder später in neue Gefilde, von deren Existenz Sie zunächst noch gar nichts ahnen.

Das einzige, dessen Sie sich im Leben sicher sein können, ist: Gut oder schlecht, nichts bleibt jemals, wie es ist.

Einer meiner ersten Teilzeitjobs bestand im Tippen von Berichten für eine Psychologin. Sie war Spezialistin für projektive Verfahren wie Rorschach-Tests, Thematische Apperzeptionstests und Szondi-Tests. Psychiater und Psychoanalytiker schickten ihre Patienten zu Beginn der Behandlung zur Diagnose zu ihr, ähnlich wie Ärzte Patienten zur besseren Diagnose von körperlichen Symptomen zum Röntgen überweisen. Nach fünfzehn Jahren Praxis beschloß die Psychologin, eine überprüfende Studie durchzuführen und etwa siebenhundert Patienten noch einmal zu testen, um festzustellen, welche Form der Therapie bei welchem Typ von Patienten am besten anschlägt. Zu ihrer Überraschung kam sie zu dem Ergebnis, daß das Leben die beste Therapie ist, denn eine positive Veränderung der Lebensumstände brachte die besten Resultate. Menschen, die sich von den Eltern trennten und studierten, die eine schlechte Ehe beendeten und sich scheiden ließen, die einen ungeliebten Beruf aufgaben und eine ihnen mehr liegende Tätigkeit wählten, die vom Land in die Stadt oder umgekehrt von der Stadt aufs Land zogen, Menschen, die mit Erfolg ein eigenes Geschäft aufbauten, die sich einem Mißbrauch entzogen, oder die durch den Tod eines Elternteils oder Partners von einer lieblosen Beziehung befreit wurden – worauf auch immer die positive Veränderung basierte, bei diesen Menschen zeigten sich die umfassendsten und nachhaltigsten psychologischen Veränderungen.

Lautet die Moral von der Geschichte also: Geh nicht zu einem Psychotherapeuten; ändere lieber deine Lebensumstände? Ich glaube, wenn Sie so sind wie Socksie und auch in schlechten Zeiten Ihr Gleichgewicht und Ihren Optimismus so lange bewahren, bis sich der Weg in ein neues Leben öffnet, dann ist das die richtige Devise. Aber vermutlich nicht, wenn Sie eine Änderung der Lebensumstände, selbst eine sehr positive, wie Poppy auf die gleiche eingefahrene Art und Weise interpretieren und folglich wie gewohnt darauf reagieren. In diesem Fall müssen sich nicht die Umstände, sondern Sie selbst sich ändern, und dann kann eine Psychotherapie sehr wohl angebracht sein, denn nur, wenn Sie erkennen, worauf das sich stets wiederholende Verhalten basiert, können Sie es abstellen.

Nachdem ich mich angesichts von Socksies Entschlossenheit, mit der er sich um einen Platz in meinem Leben bemühte, geschlagen gegeben hatte, kaufte ich einen weiteren Transportkäfig für die Wochenendfahrten, und am Sonntag abend bugsierten Connie und ich ihn hinein. Tapfer und zu allem bereit, aber ungeheuer ängstlich, weil er das erste Mal in seinem Leben eingesperrt war, drückte Socksie sein Gesicht gegen den Maschendraht und drehte sich unablässig, um jede unserer Bewegungen zu verfolgen, gab aber keinen Laut von sich. Er war ein sehr mutiger Kater. Nachdem er sein Bett zurechtgemacht hatte, schien er wild entschlossen, möglichst ruhig und unauffällig darin liegenzubleiben.

Aber wie das Schicksal so spielt, waren wir an diesem Sonntag auf dem Weg in die Stadt bei Freunden zum Essen eingeladen, und das hieß, die Katzen mußten nicht zwei, sondern annähernd fünf Stunden in den Käfigen bleiben. Unsere an die Käfige gewöhnten Katzen rollten sich in einem solchen Fall ergeben zusammen und schliefen. Aber Socksie? Wir öffneten die Heckklappe des Kombis und stellten seinen Käfig darauf, damit ihm die Brise um die Nase wehte – der Herbsttag war ungewöhnlich warm –, und hofften, der Geruch des Grases und der Bäume würde ihn beruhigen.

Drei Stunden später beendeten wir unseren Besuch und kehrten zum Auto zurück. Als Socksie uns auf den Wagen zukommen sah, stieß er ein Geheul tiefster Qual aus, zwängte eine seiner Vorderpfoten durch den Maschendraht und bewegte seine langen Krallen wie ein Ertrinkender, der, in dem vergeblichen Versuch sich zu retten, mit den Fingern in die Luft greift. Wir sahen und rochen sofort, was passiert war. Unruhig und verängstigt, vielleicht auch einfach, weil er dringend »mußte«, hatte Socksie den Käfig überschwemmt. Alles war voll, und er war elendiglich gedemütigt. Er schrie herzzerreißend, als wir ihn auf Armeslänge von uns hielten, den Käfig ausleerten, mit Zeitungspapier auslegten und anschließend seine Pfoten notdürftig mit Papiertüchern trockneten. Er stank entsetzlich, und niemand wußte das besser als er selbst.

Auch nachdem wir in New York angekommen waren, konnte ich nicht viel für ihn tun. Hätte es sich um eine der anderen Katzen gehandelt, hätte ich unter dem Wasserhahn die Pfoten gewaschen, aber Socksies kantiger Kiefer und sein wiegender, rowdyhafter Gang hatten etwas Einschüchterndes an sich. Dieser Kater war ganz Kraft und Mut, und ich hegte die Befürchtung, wenn er sich bedroht fühlte, würde er angreifen und erst hinterher nachdenken. Ich überließ also ihm die Säuberungsaktion und sperrte ihn in die Küche, damit er mit seiner Arbeit fortfahren konnte, was er auch geflissentlich tat. Am Morgen danach roch er frisch und sauber wie immer.

Sind Katzen nicht bemerkenswerte Geschöpfe? Dieser Kater hatte sein Leben lang im Unrat gelebt, am Rande eines Sumpfes, hatte zuerst über eine Schlammbank marschieren müssen, bis er an trinkbares Wasser herankam. Aber sobald er in eine saubere, ordentliche Umgebung gekommen war, putzte er jeden Zentimeter seines Körpers mit einer Zunge, die er so wirksam einsetzte wie eine Scheuerbürste, bis er aussah, als sei er ausgewesen und habe sich einen neuen Pelz gekauft.

Nachdem er am nächsten Morgen aus der Küche befreit worden war, erkundete Socksie die Wohnung, aber eher oberflächlich, als halte er es nicht für nötig, die Umgebung allzu sorgfältig zu inspizieren, weil ja ich, der Hund, Kate und Poppy auch da waren. Der Blick nach unten auf die Straße fesselte allerdings seine Aufmerksamkeit, und staunend saß er ein paar Stunden auf der breiten Fensterbank im Wohnzimmer und guckte auf die auf der Bleecker Street vorbeiströmenden Autos und Menschen. Aber das bunte Treiben faszinierte ihn nur einen halben Tag lang, dann begab er sich auf die Suche nach einem Platz zum Schlafen – genauer gesagt, nach einem Körper zum Schlafen. Socksie sehnte sich sehr nach Körperkontakt, vielleicht weil er und seine Geschwister, solange sie noch lebten, sich wärme- und schutzsuchend aneinander gekuschelt hatten. Er spürte Poppy auf, aber sie lag eingezwängt in ihrer engen Nische zwischen den Nachschlagewerken über meinem Schreibtisch; dort war beim besten Willen kein Platz für ihn, also machte er sich auf die Suche nach Kate. Sie war inzwischen zu alt, um ihrem Widerstand gegen die Anwesenheit anderer Katzen in ihrem Haus tatkräftig Ausdruck zu verleihen, aber ihren Körper zum Kopfkissen zu degradieren, das war eine Freiheit, die sie niemandem gestattete, und das machte sie Socksie unmißverständlich klar. Er gab sich geschlagen, begnügte sich mit einem Platz im Bett und einem Kissen für seinen Kopf, was er beides durch mich ersetzte, sobald ich hinter meinem Schreibtisch hervorkam.

Er verbrachte eine Woche voller Zufriedenheit und machte keineswegs den Eindruck, als vermisse er das Land oder seine Freiheit auch nur im geringsten. Aber am Freitag abend wanderte Socksies Blick vom Reisekäfig zu mir und wieder zurück, und es war so klar, als hätte er es mit Worten ausgedrückt, daß nichts auf der Welt ihn dazu bewegen konnte, in diesen Käfig, den Schauplatz seiner Demütigung, zu klettern, keine Gewalt, kein Leckerbissen, nicht sein Verlangen, stets gefällig zu sein, nichts, gar nichts, nicht solange er noch atmete.

Wie sollte ich ihn aufs Land befördern? Trug ich ihn

auf den Armen, bestand die Gefahr, daß er sich losriß, sobald wir auf die lärmerfüllte Straße traten. Gelänge es mir wider Erwarten, ihn festzuhalten, spränge er frei im Wagen herum, und wer weiß, von welcher Panik er gepackt würde, sobald der Motor ansprang? Im besten Fall würde ich ihn verlieren, im schlimmsten verursachten wir einen Unfall.

Mit einem mulmigen Gefühl holte ich den Wagen aus der Garage und parkte ihn an einem Hydranten. Rasch eilte ich hin und her und lud ein, was bereits unten im Hausflur bereit stand: Koffer, Wäschebeutel, Hector, Poppy in ihrem Reisekäfig und Kate, die ich an ihrer Leine am Treppengeländer angebunden hatte. Anschließend lief ich die Treppe hinauf, um Socksie zu holen.

»Bitte, Socksie«, flehte ich, als ich ihn hochhob, »bitte, bitte, kratz mich nicht.« Ich legte eine Hand unter seinen Körper, schob den Zeigefinger zwischen seine Vorderbeine und umklammerte seine Beine so fest ich konnte. Hätte ich einen Catchergriff gekannt, hätte ich ihn sicher angewendet. Ich fürchtete, Socksie könne durchdrehen und aus meinen Armen springen, dann wäre er weg, verloren, denn in den Straßen von New York würde er nicht lange überleben. Ich preßte ihn fest an mich und machte mich auf den Weg.

»Alles ist gut, Socksie. Alles ist gut, Socksie«, murmelte ich beruhigend und wartete schon auf das erste warnende Anspannen seines Körpers. Als ich die Tür zur Straße öffnete, war er immer noch völlig entspannt. Ich trat auf den Gehweg hinaus.

Socksie betrachtete die vorbeihastenden Menschen mit nachsichtigem Interesse. Eine Taxihupe gellte.

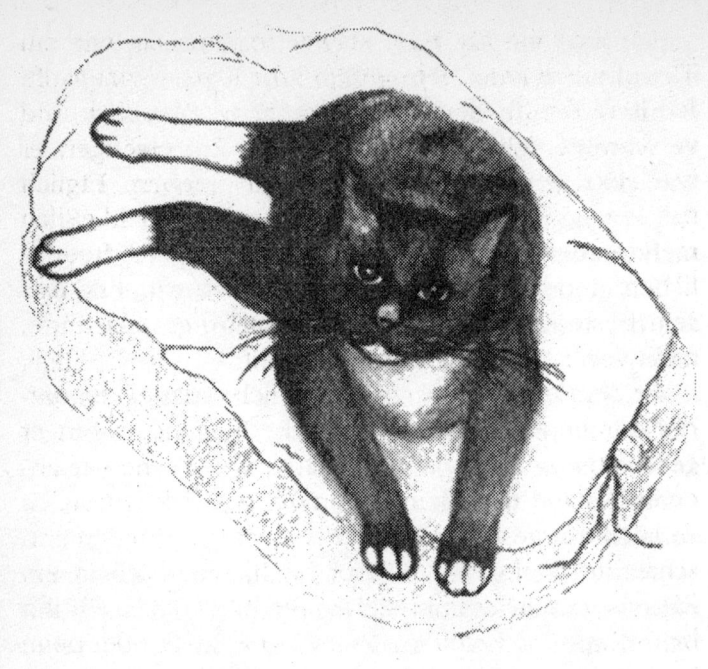

Socksie drehte leicht den Kopf, um nach der Quelle des Lärms Ausschau zu halten. Ich hastete zum Wagen. Socksie kletterte aus meinen Armen, sah sich um, entschied sich für den Wäschesack und ließ sich darauf nieder. Und dort blieb er, döste während der gesamten Fahrt so ruhig, zufrieden und gesittet wie Kate, die ihr Leben lang Auto gefahren war.

Ich, die ich mich für eine nahezu unfehlbare Expertin in der Beurteilung des Charakters eines Tieres halte, hatte mich bei Socksie in jeder Hinsicht getäuscht.

Ich hielt ihn für wild; er war so häuslich, wie ein Tier nur sein kann. Ich hielt ihn für hart; er war sanft. Ich hielt ihn für einen Kämpfer; er war friedlich und verschmust. Ich hielt ihn für einen Einzelgänger; er war gesellig und Poppy sogar treu ergeben. Täglich trat seine Sanftmut deutlicher zutage, und schließlich merkte sogar ich, daß es keine gutmütigere, freundlichere und liebevollere Katze auf Erden gab, und daß sein finsterer Gesichtsausdruck von Angst herrührte, nicht von aufsässiger Eigenwilligkeit.

Er bemühte sich verzweifelt, nicht anzuecken, geriet durcheinander und verlor die Fassung, wenn er gescholten wurde – ja sogar dann, wenn eine der anderen Katzen mit strenger Stimme getadelt wurde. Er versuchte angestrengt, allen alles recht zu machen und schreckte häufig wie ertappt hoch, wenn ich in ein Zimmer trat, in dem er sich aufhielt, als hätte ich ihn beim Krallenschärfen an einem Möbelstück oder beim Schlafen auf frischer Wäsche erwischt.

Ich kannte dieses namenlose Schuldgefühl aus meiner eigenen Kindheit: Schon wenn ich nur Schritte auf der Treppe hörte, versteckte ich das Buch, in dem ich gerade las, und schaute mich voller Panik um; überlegte, was ich wohl gerade machen sollte, wäre ich nicht ein so pflichtvergessenes, rücksichtsloses Kind, dem das Wohlergehen und das Glück seiner hart arbeitenden Mutter gleichgültig war – zumindest hatte man mir dieses Gefühl damals vermittelt.

Poppys Erfahrungen als junges Kätzchen hatten in ihr die existentielle Angst, daß sie es möglicherweise überhaupt nicht verdiene zu leben, erzeugt. Socksies Ängste äußerten sich dagegen im Alltäglichen: War er im Weg? War es in Ordnung, auf den Schoß zu klettern? Mochte ich ihn leiden? Mochte Connie ihn leiden? Mochte ihn irgendein x-beliebiger Fremder, der ins Haus kam, leiden? Aufgeschlossen und empfänglich wie er war, untermauerte er meine zuvor angesprochene, in sich widersprüchliche Ansicht, eine nicht unbedingt ideale Kindheit könne auch positive Auswirkungen haben. Nach meinen Beobachtungen entwickeln sich diese Kinder nämlich häufig genug zu sensiblen, pfiffigen, liebenswerten Erwachsenen.

Kinder, die mehr als die üblichen Wechselfälle des Lebens erdulden müssen, werden rascher erwachsen. Sie lernen, ihre Probleme selbst zu lösen und finden schneller einen Ausweg aus mißlichen Situationen. Sie erlangen eine gute Menschenkenntnis und besitzen oft Sinn für Humor, denn Lachen und Späße machen wirken als eine Art Schutzschild, wie alle die unter widrigen Umständen aufgewachsenen Komiker beweisen.

Das soll nun kein Plädoyer für eine unglückliche Kindheit sein. Ich will damit lediglich sagen, wir sollten uns keine übertriebenen Sorgen machen, wenn wir unseren Kindern kein ganz leichtes Leben bieten können. Kinder, die mit weniger materiellen Gütern heranwachsen, müssen beim Spielen mehr Phantasie einsetzen. Sie lernen, worauf es ankommt. Sie beobachten aufmerksam. Sie lernen auf Sachen aufzupassen, sich mit Provisorien zu behelfen, kaputte Dinge geschickt zu reparieren; sie werden nicht zu früh unserer Konsum- und Wegwerfgesellschaft ausgesetzt.

Hier in der Stadt wohnt ein Mann, der Farmen, Land und ein paar Geschäfte besitzt. Sobald die Leute von diesem wohlhabenden Mann sprechen, wird unweigerlich darüber getratscht, daß er seinen fünf Kindern praktisch vom Tag ihrer Geburt an unmißverständlich klargemacht hat, er habe nicht die Absicht, ihnen Geld oder Besitz zu hinterlassen. »Nicht einen Cent«, sagen die Leute verwirrt. »Seine Kinder wissen, sie kriegen gar nichts.« Die Leute schütteln den Kopf über einen so grausamen Vater. Aber vielleicht hegt dieser Vater ähnliche Gefühle wie Hamlet: »Zur Grausamkeit zwingt bloße Liebe mich.« Vielleicht hat er seinen Kindern jegliche Aussicht auf eine Erbschaft versperrt, damit er ihnen nicht den Schwung, die Motivation und den Ehrgeiz, die Chance und den Wunsch, ihr eigenes Leben zu gestalten, nimmt. Daß er tatsächlich umgänglich – und weise – sein muß, kann man zumindest vermuten, eventuell auch durch Tatsachen als bewiesen betrachten. Denn jeder seiner fünf Söhne hat eigene Interessen entwickelt; jeder hat sich ein Leben und eine berufliche Karriere aufgebaut, jeder steht erfolgreich auf eigenen Füßen. Ob sie sich ebenso gut entwickelt hätten, wenn sie ständig ihr Erbe vor Augen gehabt hätten?

Ob sofort verfügbar oder in Aussicht, Geld hat eine dämpfende, bremsende, sogar einlullende Wirkung. Ist diese Voraussetzung gegeben, braucht man nicht hellwach zu sein, um eine sich bietende Gelegenheit beim Schopf zu packen; man kann sich Zeit lassen und in aller Ruhe umsehen. Man muß nicht nehmen, was man kriegt und das Beste daraus machen, ein Prozeß, bei dem man eventuell festgestellt hätte, daß sich noch etwas Besseres daraus machen ließe. Man kann sich Umwege und Abschweifungen leisten. Gefällt einem nicht, was man tut, hört man einfach damit auf und probiert etwas anderes aus, was sich irgendwie besser anhört, oder tut eine Zeitlang oder sogar ein Leben lang gar nichts. Zu viele Alternativen zu haben, kann lähmen; wenn Sie alles tun könnten, tun Sie möglicherweise nichts. Stehen Ihnen sämtliche Türen offen, ist letzten Endes vielleicht keine so einladend, daß Sie hindurchgehen. Das kann in letzter Konsequenz soweit führen, daß Sie sich durchs Leben schleppen und herumhängen, so gut wie nichts erreichen und sich wahrscheinlich obendrein auch noch langweilen.

Da mich dieser Gedanke beschäftigte, machte ich den Vorschlag, einen Artikel zum Thema »Die Nachteile des Reichtums« zu schreiben, aber keine Zeitschrift zeigte sich interessiert. Ausnahmslos erklärten die Chefredakteure, kein Argument der Welt könne ihre Leser davon überzeugen, Reichtum bringe auch Nachteile, im Gegenteil, alle Leser wollten Tips, wie man zu mehr Geld kommt, und zwar möglichst auf die bequeme Tour, das heißt, ohne dafür arbeiten zu müssen. Aber ich glaube, ich befinde mich nicht auf dem Holzweg, wenn ich die Vorzüge von Entbehrungen hervorhebe. Ich plädiere nicht dafür, alle Kinder in Armut aufwachsen zu lassen, aber ich bin froh, daß es bei mir so war. Wie Socksie habe ich gelernt, für mich selbst zu sorgen. Ich plädiere nicht dafür, Kinder ohne Unterstützung ihren Weg gehen zu lassen, aber ich bin froh, daß ich es tun mußte. Wie Socksie habe ich gelernt, mich für das einzusetzen, was ich haben will.

Ich kann jedoch nicht leugnen, daß Entbehrungen neben den positiven auch negative Charakterzüge fördern. Auch das traf auf Socksie zu. Er errang einen Sieg über seine frühen Erfahrungen, nicht aber über die Mängel, unter denen er in den ersten Jahren gelitten hat. Sein Leben lang behielt er die Neigung zu nehmen, zu nehmen und noch einmal zu nehmen. Er hatte Liebe und Überfluß gesucht. Er hatte beides gefunden. Aber er konnte nie genug kriegen.

Es spielte keine Rolle, daß die Schüssel immer mit Keksen gefüllt war. Es spielte keine Rolle, daß ihm morgens und abends eine halbe Dose Katzenfutter serviert wurde. Er fraß, übergab sich, fraß weiter. Aus einem kleinen Kater mit einem großen Kopf wurde ein riesiger Kater mit kleinem Kopf. Er wurde runder ... und runder ... und runder ..., und trotzdem fraß er, bis er so feist war wie ein Kleinstadtbankier. Wie der Fischer und seine Frau, aus denen reiche Leute werden, wußte Socksie nie, wann er Schluß machen sollte. In dieser Hinsicht unterschied er sich nicht so sehr von diesem Land, das jedes Jahr nach einer Steigerung des Bruttosozialprodukts verlangt, obwohl immer deutlicher zutage tritt, daß sich hieraus eine Steigerung der sozialen Brutalität ergibt.

Mit der Liebe verhielt es sich nicht anders. Socksie konnte eine Hauslänge weit weg sein, sein sechster Sinn sagte ihm unweigerlich, wann sich jemand im Wohnzimmer in einen Sessel setzte. Ich sage absichtlich jemand, denn es machte nicht den kleinsten Unterschied für ihn, ob das Connie war oder ich oder ein Gast gleich welchen Geschlechts. Trafen alle Komponenten zusammen – Connie und ich und ein paar Gäste –, kletterte er ohne zu zögern auf den Schoß eines Gastes. Kannte er einen Gast bereits, einen anderen aber nicht, wandte er sich geflissentlich zuerst dem Fremden zu. Er mußte die Liebe aller erringen.

Für gewöhnlich fühlte sich der Fremde geschmeichelt, daß dieses prachtvolle Geschöpf von der Statur eines Räubers, aber mit dem Naturell eines Kuscheltiers, ausgerechnet ihn auserwählt hatte und rückte seinen Schoß zurecht, damit Socksie es nur recht bequem hatte. Kannte sich der Gast mit Katzen aus und streichelte ihn sanft hinter den Ohren und unter dem Kinn, drehte Socksie beim Schnurren immer mehr auf, um seine Zufriedenheit über die ihm geschenkte Aufmerksamkeit kundzutun. Aber er blieb nicht. Zehn, höchstens fünfzehn Minuten reichten, um ihn davon zu überzeugen, daß er den Betreffenden für sich gewonnen hatte. Dann mußte er zum nächsten. Und so ging es weiter: von Schoß zu Schoß, einschließlich Connies und meinem, den ganzen Abend im Kreis.

Gab es in New York nur mich, und war mein Schoß verfügbar, aber eine andere Katze merkte es vor ihm und kam zuerst, studierte Socksie die Lage, kletterte stufenweise auf den Sessel hinauf, legte die Pfoten auf meine Schultern und ließ sich langsam, aber so unerbittlich wie ein Erdrutsch, herabsinken, bis er, halb auf mich gestützt, halb über der unter ihm befindlichen Katze hing. Verzog sich die andere Katze fluchtartig unter seinem Gewicht, rutschte Socksie ganz auf meinen Schoß, machte es sich gemütlich und war zufrieden, daß er genau da gelandet war, wo er hin gewollt hatte. Als er zunehmend größer und schwerer wurde, wurde sein beharrliches Verlangen nach Nähe und Gehaltenwerden ziemlich lästig, aber Socksie konnte ohne Liebe nicht leben. Zu viel war noch lange nicht

genug. Enthaltsamkeit, Mäßigung waren Fremdwörter für ihn. Während Bitty aus Liebe geliebt hatte, liebte Socksie aus Sehnsucht. Bitty wandte sich den Menschen selbstbewußt aus Zuneigung zu; Socksie erwartete sich von den Menschen Erfüllung einer unstillbaren Sehnsucht. Bitty brachte sich selbst ein; Socksie versuchte, sich zu vervollständigen.

Viele Menschen, fast ausnahmslos Frauen, erzählen

mir, sie könnten einfach nicht verstehen, warum sie so wenig Liebe bekommen, da sie selbst doch soviel Liebe geben. Sie zählen auf, was sie alles für andere Menschen tun, was sie ihnen alles geben und wie wenig sie trotz allem zurückbekommen. Kürzlich klagte mir eine Bankkassiererin ihr Leid. Sie sagte, sie mache Überstunden, um die Kassen ihrer Kollegen in Ordnung zu bringen, backe jede Woche Käsegebäck nach ihrem Spezialrezept und verteile es, fahre die an den Folgen eines Schlaganfalles leidende Mutter einer Kollegin zur Rehabilitationseinrichtung, leihe ihrem Sohn Geld, von dem beide wissen, daß er es nie zurückzahlt, und finanziere den Kindergartenbesuch einer Enkelin, damit ihre Tochter ein wenig Zeit für sich selbst hat. »Und«, schluchzte sie, »meine Kinder rufen nicht einmal an, um sich zu erkundigen, wie es mir geht. Die Kollegen in der Bank fragen mich nie, ob ich mit ihnen zum Essen gehe, und... « Die Litanei geht weiter und endet stets mit: »Ich bin ein herzensguter Mensch. Ich gebe so viel. Warum liebt mich keiner?«

Wenn sie die Antwort wirklich hören wollte, könnte ich der Kassiererin drei Gründe nennen. Erstens, mit Selbstaufopferung gewinnt man keine Liebe. Vielleicht erntet man damit Dankbarkeit, aber sicher keine Liebe, und die Dankbarkeit hält nicht lange an. Die anderen kommen rasch zu dem Schluß, der Betreffende sei von seinem geringen Selbstwert so absolut überzeugt, daß er sich gerne und bereitwillig für andere aufopfert. Warum also sollte man jemanden lieben, der von sich selbst so wenig hält? Sie fühlen sich mehr zu einem starken Menschen hingezogen, der Achtung vor sich selbst hat und aus freiem Willen handelt, der auf sich selbst aufpassen kann, der anderen Anerkennung zukommen läßt und ihnen selbstverständlich zugesteht, daß sie vollkommen imstande sind, ihr Leben selbst zu bewältigen.

Auch der zweite Punkt, Menschen zu Dank zu verpflichten, ist kaum geeignet, Zuneigung zu wecken. Damit ist stets eine gegensätzliche Botschaft verbunden, es ist, als würde man jemandem befehlen, er solle sich spontan verhalten. Wird Spontaneität befohlen, ist die auf diesen Befehl hin erfolgende Handlung eben nicht mehr spontan. Nicht weniger absurd ist es, sich jemanden zu Dank zu verpflichten und dann zu sagen: »Liebe mich dafür«, denn erzwungene Liebe ist keine Liebe.

Der dritte Punkt ist der heikelste und betrifft das Bedürfnis nach Liebe. Nichts ist unangenehmer. Man muß stets befürchten, daß das Eingehen auf einen solchen Menschen fatale Folgen nach sich zieht. Der andere kann sich an einen klammern, einen vielleicht sogar in die Ecke drängen und mit Ansprüchen überschwemmen, denn diese Form von Liebesbedürftigkeit läßt sich niemals befriedigen. Mögen andere noch soviel Liebe und Zuwendung geben, die Leere wird nie gefüllt. Wie bei Socksie hört die Forderung nie auf, und in dieser Falle möchte niemand sitzen. Es ist eine Sache, ob eine Katze liebesbedürftig ist, oder ein Kind, denn beide wecken Beschützerinstinkte. Nach Erik Erikson ist man in solchen Fällen aufgrund des Fortpflanzungstriebes bereit, ja sogar begierig darauf, Schutz und Zuwendung zu geben. Ist man selbst erwachsen, selbständig und abgesichert, empfindet man es als natürlich und befriedigend, für die Kleinen und Verletzlichen da zu sein. Ist die bedürftige Person jedoch erwachsen, schätzt man deren Betteln um Liebe so wenig wie das Betteln um eine milde Gabe.

Das heißt nicht, daß wir nicht alle Liebe brauchen, Liebe ersehnen und fest davon überzeugt sind, daß wir alles vollbringen könnten, wenn man uns nur genügend Liebe schenkte. In einem verborgenen Winkel unseres Selbst sehnen wir uns nach der idealen Liebe: bedingungslos, anspruchslos, konfliktfrei und stets verfügbar. Aber nach dieser großen Liebe suchen wir nicht in jedem Menschen, den wir kennenlernen, und wir erkaufen sie nicht auf Kosten unserer Unabhängigkeit und Selbstachtung. Irgendwie wissen wir, die beste Garantie, geliebt zu werden, besteht darin, ohne Liebe leben zu können. Oder so zu tun, als könnten wir das. Sind Sie wahrhaft liebesbedürftig, müssen Sie dieses Bedürfnis verheimlichen, sonst halten sich die Menschen von Ihnen fern, als seien Sie aussätzig.

Ich hatte einmal eine Kollegin, für die ich mir sämtliche Beine ausriß. Und damit war ich nicht allein; alle, die Polly kannten, machten es ebenso. Sie hatte ein Alkoholproblem, und wir nahmen sie in Schutz, logen für sie, lieferten sie ins Krankenhaus ein und holten sie auf eigene Verantwortung wieder heraus, deckten sie, damit sie nicht entlassen wurde. Was mich angeht, und ich vermute, auf die anderen trifft es auch zu, war ich Polly eine bessere Freundin als fast allen anderen Menschen in meinem Umkreis. Eine Zeitlang dachte ich, es läge daran, daß sie nie um Hilfe gebeten und nie in irgendeiner Form ein Bedürfnis geäußert hat. Sie erweckte den Eindruck eines tapferen Menschen, der versucht, so gut es geht mit einem Problem fertigzuwerden, das sich seiner Kontrolle entzieht. Sie wirkte unabhängig, besaß einen trockenen Humor und war völlig frei von Selbstmitleid. Ich (wie die anderen auch) holte Polly aus etlichen entsetzlichen Situationen heraus. Sie dankte uns nie, und wir vermißten keine Dankesbezeugungen. Kümmerten wir uns darum, was mit ihr geschah, war das unsere Sache. Polly schien uns nicht zu brauchen. Meinten wir, sie retten zu müssen, war auch das allein unsere Sache.

Damals hätte ich kategorisch »braucht uns nicht« gesagt, ein »schien« wäre mir nicht in den Sinn gekommen, denn das war Jahre, bevor ich hinter ihrem sarkastischen und vornehmen Verhalten die Leere, die Verlassenheit, den unvorstellbar liebesbedürftigen Kern in ihrem Inneren entdeckte, den sie so gut versteckte, vielleicht sogar vor sich selbst, vielleicht besonders vor sich selbst. Hätten wir sie als das gebeutelte Wesen wahrgenommen, das sie in Wirklichkeit war, wäre es ihr nie gelungen, reihenweise Retter zu mobilisieren, die sie immer wieder bei der Hand nahmen. Angesichts der Bedrohung, von dieser enormen Bedürftigkeit aufgefressen zu werden, hätten wir alle die Flucht ergriffen.

Sofern Sie also keine Katze sind, würde ich Ihnen raten, gleichgültig wie sehr Sie der Liebe – oder Anerkennung, Akzeptanz oder des Rückhalts – bedürfen, zeigen Sie es nie. Und selbst Socksie hätte von einem Gespür für Grenzen profitiert. Zwar gewann ich den lustigen, dicken, verschmusten schwarzen Kater im Laufe der Jahre immer lieber, aber die unabhängige Kate und den zurückhaltenden Chester liebte ich unbefangener und herzlicher.

Trot

Betrete ich einen Raum mit zweibeinigen Fremden, weiß ich auf einen Blick, wen ich kennenlernen möchte. Nicht anders ergeht es mir bei Vierbeinern. In beiden Fällen beruht das Urteil auf den ersten Blick auf Äußerlichkeiten – der Attraktivität eines Menschen oder eines Tieres, gepaart mit einem gewissen Charme, mit Offenheit, Intelligenz und Humor –, doch eben nicht nur auf Äußerlichkeiten, sondern darüber hinaus auf etwas Undefinierbarem, früher »Chemie«, heute meist »Ausstrahlung« genannt. Beruht Anziehung auf einer chemischen Reaktion? Hat sie etwas mit Elektrizität zu tun? Mir ist es ein Rätsel und ebenso unerklärlich wie der Vorgang, der dafür sorgt, daß die Bilder auf dem Fernsehschirm erscheinen. Ich weiß nur, daß man auch aus der Entfernung eine Affinität spüren kann.

Oder Antipathie, auch das kommt vor, und genau das passierte mir bei meiner ersten Begegnung mit Trot. Er saß auf einer Mülltonne in einem Kellervorhof an der Perry Street in Greenwich Village, ein aschenfarbenes Katzentier, das den Eindruck erweckte, als throne es behaglich auf einem Samtkissen. Als der Kater merkte, daß ich ihn ansah, stand er auf, machte einen Buckel und miaute laut. Er schrie unentwegt, während ich die Straße entlang auf ihn zukam, und als ich noch ein oder zwei Meter vom Kellervorhof entfernt war, sprang er auf den Gehweg, hastete auf mich zu und rieb sich an meinen Beinen, so daß ich stehenbleiben mußte, wenn ich nicht über ihn stolpern wollte. Ich bückte mich, um ihn zu streicheln. Er reckte sich meinen Händen entgegen und steigerte sein Maunzen zu einem durch Mark und Bein gehenden inständigen Flehen.

Er war die leibhaftige Verkörperung eines Streuners, langgliedrig, von undefinierbarer Farbe, weil zu schmutzig, um unterscheiden zu können, ob er grau oder weiß mit grauen Flecken war, triefenden Augen und einem Schwanz so lang wie eine Peitsche. Aus der Nähe betrachtet, schien es sich um einen jungen Kater zu handeln, viel jünger jedenfalls, als ich im ersten Moment angenommen hatte, und er schien wider Erwarten nicht heimisch in dieser Umgebung. Mein erster Gedanke war, er sei eine Kellerkatze, die der für die kleinen Häuser an der Straße zuständige Hausmeister fütterte und wohl zum Dank dafür, daß sie auf den Grundstücken nach Ratten und Mäusen jagte, in irgendeinem Untergeschoß schlafen ließ. Doch ich revidierte meinen Eindruck, denn er verhielt sich wie eine Familienkatze, und nun vermutete ich, er müsse aus einem Fenster gefallen sein, habe unter den vielen gleich aussehenden Häusern sein Zuhause nicht wiederfinden können, sei weiter und weiter gewandert und auf der Suche nach seinen Leuten schmutziger und schmutziger geworden. Er bettelte um Mitleid, rieb sich so fest er konnte an meinen Beinen und miaute flehend.

»Tut mir leid, daß du Probleme hast«, sagte ich zu ihm. Beim Klang meiner Stimme verdoppelte er die Intensität seiner Schreie. »Nein, nein, ich kann dich nicht mitnehmen. Ich habe schon drei Katzen zu Hause.«

Um so besser, schien er zu sagen. Ich werde anständig sein. Ich verspreche, nicht das kleinste bißchen Ärger zu machen. Ich mache, was immer du willst.

Noch nie hatte ich eine Katze erlebt, die sich mit soviel Nachdruck einzuschmeicheln versuchte. Er legte sich mächtig ins Zeug und bemühte sich nach Leibeskräften, mich dazu zu bewegen, ihn von der Straße zu holen. Ich blieb hart. Wie gesagt, die Chemie stimmte nicht. Der Kater tat mir zwar leid, aber ich verspürte nicht den leisesten Impuls, von mir aus etwas zur Verbesserung seines Schicksals beizutragen. Ich streichelte ihm den Kopf, wünschte ihm mehr Glück beim nächsten Passanten und eilte weiter die Straße entlang, damit ich noch pünktlich zu meiner Verabredung zum Essen kam.

Der Kater hastete mir nach und schlängelte sich zwischen meinen Beinen hindurch. Ich mußte stehenbleiben. Er fing an, mit mir zu handeln. Ich ging weiter. Er stellte sich wie ein aufbäumendes Pferd auf die Hinterbeine und schlang die Vorderpfoten um mein Bein. Ich befreite mich aus seiner Umklammerung. Er fegte um mich herum und packte mich von hinten am Bein. Keine Krallen. Aber sein Griff war so fest, wie es ihm ohne ausgefahrene Krallen möglich war.

»O Miezekatze«, sagte ich, »was soll ich bloß mit dir machen?«

Er ließ einen Schwall schwacher, leiser Bittlaute los.

Aus dem Gefühl heraus, keine andere Wahl zu haben, kapitulierte ich, drehte mich um und ging den gleichen Weg zurück, den ich gekommen war. Er trottete neben mir her. Wir kamen an die Ecke Bleecker Street. Ich konnte ihn nicht allein über die Straße gehen lassen, also hob ich ihn hoch. Ein unbehaglicher Schauder überlief ihn, als sei ihm nun wie einem Bräutigam am Hochzeitstag plötzlich das wirkliche Ausmaß der Bindung klar geworden, die er da einging, und als überlege er, alles rückgängig zu machen. Doch gleich darauf schmiegte er seinen Körper in voller Länge in meine Arme, schlang seinen Affenschwanz um seinen Körper und betrachtete sich anscheinend als gerettet und angenommen. Er fühlte sich bereits so zugehörig, daß er sich, als ich vor dem Haus anlangte und ihn absetzte, um meine Schlüssel hervorzukramen, und auch in der Hoffnung, er würde sich vor Schreck anders besinnen und weglaufen, direkt vor die Tür stellte. Er schob die Nase in den Türspalt und in dem Moment, in dem sich die Tür öffnete, schlüpfte er in die Vorhalle. Das gleiche Spiel wiederholte sich beim Aufschließen der inneren Flurtür und noch einmal vor meiner Wohnungstür. Ich scheuchte ihn schnellstens in die Küche, zeigte ihm die Futter- und Wassernäpfe und schloß ihn ein. Ich wollte ihn später auf Anzeichen von Krankheit oder Parasitenbefall hin untersuchen.

Ich kam fünfzehn Minuten zu spät ins Restaurant, in dem ich mit einer Freundin verabredet war. Ich erklärte ihr, eine Katze habe mir auf dem Weg hierher aufgelauert und mich adoptiert.

»Du meinst, du hast eine Katze adoptiert?«

»Nein, nein, es war allein ihre Idee. Ich mag den

Kater nicht einmal. Er ist häßlich – lang und dünn und sieht irgendwie verschlagen aus, außerdem hat er ein rauhes Fell und ein spitzes Gesicht. Ich mag Katzen mit breitem Gesicht und weichem Fell.«

»Warum hast du ihn dann nicht dort gelassen, wo du ihn gefunden hast?«

Dafür konnte ich keinen triftigen Grund nennen, nichts, außer daß mich ein ähnliches Gefühl beschlichen hatte, als hätte ich mich Auge in Auge mit einem Obdachlosen befunden. Hat man jemandem in die Augen gesehen, ist es sehr schwer, einfach ungerührt weiterzugehen. Man hat der Not ins Gesicht geblickt; man hat sie registriert. Sind Sie bereits so unmenschlich geworden, daß Sie unter solchen Umständen einfach unbeteiligt die Achseln zucken können? Ich nehme an, aus diesem Grund blicken wir durch Bettler hindurch oder wenden den Blick ab – um dem Augenkontakt auszuweichen, um nicht involviert zu werden.

Als ich am Abend nach Hause kam, hatte mein Bettler damit begonnen, sich zu säubern. Sein Gesicht, von dem ich angenommen hatte, es sei rauchgrau, zeigte auf den Wangen erste Spuren von Weiß. Über seinen Augen stellte sich das, was mir wie noch dunklere Schmutzflecken als die anderen erschienen war, als Streifenmuster aus bräunlichem und grauem Fell heraus, das stark an die zerrissenen, mit einem Band zurückgebundenen Vorhänge erinnerte, wie man sie oft in den zerbrochenen Fenstern verlassener Farmen im Wind flattern sieht. Am nächsten Morgen widmete er sich mit Hingabe seinen Schultern, und diese Arbeit erforderte Verrenkungen, die nur eine so lange, hagere Katze wie er vollführen konnte. Tag für Tag schrubbte sich der Kater, machte sich emsig über ein Fleckchen hier und über einen schwarzen Fleck da her, ließ kein Härchen ungekrümmt, säuberte sich und putzte sich und bereitete sich auf den großen Moment seines Auftritts vor, mit dem er sich der Welt präsentieren wollte.

Schließlich war er in seinen Augen prachtvoll genug; in meinen war er nach wie vor ungewöhnlich reizlos, ein weißer Kater mit derart willkürlich verteilten, schlackenfarbenen Flecken, daß es aussah, als hätte jemand einen farbgetränkten Schwamm nach ihm geworfen. Als Connie ihn zum erstenmal sah, kamen ihr beim Anblick der schlackenfarbenen Vorhänge auf seiner Stirn allerdings keine verlassenen Farmen in den Sinn, sondern viktorianische Wohnzimmer, Spitzengardinen und Dickens' Romane. »Schade, daß es ein Kater ist«, meinte sie. »Sonst könntest du ihn Tante Betsey Trotwood taufen.«

»Tante Betsey sagte Trot zu David Copperfield.«

»Stimmt. Na, da hast du den Namen.«

Trot paßte genau. Darauf kommt es bei einem Namen an – er muß passen. Kommt einem der Name automatisch über die Lippen, wenn man eine Katze ruft – oder was das betrifft, einen Menschen –, stimmt er. Oft hat mich verblüfft, mit welch weiser Voraussicht Eltern bei der Namensgebung ihrer Kinder vorgehen. Woher wußten die Eltern, als das Baby gerade mal einen Tag alt war, daß es zu einem Herbert oder einer Bernadette heranwachsen würde? Schon erstaunlich, und doch lernt man selten jemanden kennen, dessen Name nicht zur Persönlichkeit paßt. Möglich, daß der

Betreffende irgendwann seinen Namen geändert hat, wenn ihm dieser nicht entsprach. Meine Mutter hatte zum Beispiel als junges Mädchen darauf bestanden, ihren Namen Agnes abzulegen und sich Jane zu nennen, was auch tatsächlich weit besser zu ihr paßte, und eine Bekannte suchte sich den Namen Mercedes aus, aber wie sie ursprünglich geheißen hatte, erfuhr ich nie, denn sie sagte ganz richtig: »Wenn ich es dir sage, denkst du immer, ›das ist die Mercedes, die in Wirklichkeit Minniola oder Minerva oder was weiß ich wie heißt‹.«

Trot erinnerte allerdings eher an Uriah Heep als an David Copperfield, aber der kurze, scharf klingende Name paßte zu ihm. Sein spitzes Gesicht verlieh ihm ein verschlagenes Aussehen, sein Verhalten war kriecherisch. Wild entschlossen, sich einzuschmeicheln, blieb er mir beharrlich auf den Fersen und versuchte, mir mit aufmerksamen kleinen Lauten schönzutun. In gar nicht katzenhafter Manier schleimte er mich an, damit ich ihn gern haben sollte, aber je nachdrücklicher er es versuchte, um so weniger mochte ich ihn; je mehr er sich mir aufdrängte, um so mehr wünschte ich, er würde verschwinden. Auf Schritt und Tritt rief er mir mit seinem Verhalten die Fallgeschichte einer schlechten Ehe ins Gedächtnis, die ich einmal gelesen habe. Der Ehemann betete seine Frau an und brachte es nicht fertig, sie neben sich zu haben, ohne sie zu berühren, ohne sie zu streicheln oder sie auf seinen Schoß zu ziehen, um ihr einen Kuß zu geben oder sonstige Zärtlichkeiten auszutauschen, während sie mit jedem Tag distanzierter und kühler wurde und ihm, soweit möglich, aus dem Weg ging. Er verstand die Welt nicht mehr, und sie flüchtete sich in Entschuldigungen. Es tue ihr leid, daß sie sich so verhalte, sagte sie zur Eheberaterin; sie habe selbst das Gefühl, undankbar zu sein, denn eigentlich müsse sie doch froh sein, einen Ehemann zu haben, der sie so abgöttisch liebe. Aber, fügte sie hinzu, wenn sie ehrlich sei, gingen ihr die ständigen Berührungen, das Händchenhalten, das Getätschel ihres Hinterns oder die Küsse auf den Hals derartig auf die Nerven, daß sie am liebsten schreien würde. Im Grunde ihres Herzens sehnte sie sich danach, auch mal wohlwollend ignoriert zu werden. Sie wollte nicht, daß er jeden ihrer Schritte vorauszuahnen versuchte, ihr ständig auf den Fersen folgte, sich unaufhörlich liebevoll um sie bemühte.

»Ich gebe mir Mühe, ein perfekter Ehemann zu sein«, jammerte der Mann. »Was soll ich denn noch alles tun?«

»Weniger«, meinte die Eheberaterin. »Tun Sie weniger!«

Das sagte ich auch ständig zu Trot. »Oh, um Gottes willen, verschwinde endlich und benimm dich wie eine Katze und laß mich in Ruhe!«

Poppy und Socksie hatten keine solchen Probleme mit ihm. Für den unbeschwerten, genußsüchtigen, permanent verschmusten Socksie, dessen Motto lautete: »O wie schön ist es, nichts zu tun und sich anschließend auszuruhen«, war Trot willkommenes Kopfkissen und Wärmflasche, und Poppy sah in ihm einen weiteren Verbündeten gegen die Menschheit. Die drei lagen oft schlafend in einem wirren Knäuel zusammen. Besonders Poppy und Trot hingen aneinander, und ich war froh, daß Trot, den ich nicht mochte, und Poppy, die mich nicht mochte, so schnell Freundschaft geschlossen hatten.

Mit der Zeit wurde Trot zum gepflegtesten Kater, der mir je unter die Augen gekommen ist. Mindestens einmal täglich putzte er seinen langen, schmalen Körper von der glänzenden Nasenspitze bis zur Spitze seines langen, dünnen Schwanzes, und alle ein, zwei Stunden polierte er sein Äußeres auf, ebenso sofort nach den Mahlzeiten oder nach einem Imbiß, ja sogar nach einem Schluck Wasser. Zufrieden mit seinem Aussehen, stellte er sein Herumgeschleiche ein, vielmehr schritt er nun mit hoch erhobenem Kopf einher, die Pfoten leicht, aber selbstsicher aufsetzend. Hatte er früher beim Betreten eines Zimmers gehofft, man würde ihn dulden, erwartete er nun, bewundert zu werden. Wann immer Gäste da waren, zelebrierte er seinen Auftritt. Er bummelte nicht; er schlenderte nicht. Er marschierte in das Zimmer mit dem stolzen Gehabe eines Matadors, der eine Arena betritt. Er wollte bemerkt werden, und es gelang ihm.

»So eine hübsche Katze«, sagten die Leute.

»Oh, finden Sie?« antwortete ich, denn immer noch war ich der Meinung, Trots vorhangverhängte Stirn, die wahllos verteilten Flecken und der schmale lange Körper machten ihn nicht gerade zu einer Augenweide. Aber schließlich mußte sogar ich zugeben, daß Pflege und selbstbewußte Ausstrahlung über natürliche Vorzüge triumphiert hatten, eine Beobachtung, über deren Bedeutung ich mir Gedanken zu machen begann.

Da ich zu Hause arbeite, hatte ich früher einfach irgend etwas Praktisches angezogen, doch nun kaufte ich mir gutsitzende Jeans und schöne Pullover. Ich kämmte mich sorgfältig und legte jeden Morgen Lippenstift auf, egal, wie groß die Wahrscheinlichkeit war, einer Menschenseele zu begegnen, und es ging mir wie Trot, ich merkte bald, daß ich mit mehr Selbstsicherheit auftrat. Ich saß aufrechter am Schreibtisch, auf dem Schreibtisch herrschte größere Ordnung, die Manuskripte waren sorgfältiger gestapelt, die Bleistifte gespitzt, Briefe und Rechnungen sauber in ihren jeweiligen Fächern abgelegt.

Es heißt oft, Kleidung oder die äußere Erscheinung im allgemeinen sei eine Form der Kommunikation, über sein Äußeres teile man anderen mit, was man von sich selbst hält. Aber bis dahin war mir nicht klar gewesen, daß die Kommunikation in zwei Richtungen erfolgt: nach außen mit anderen, nach innen mit dem eigenen Selbst. Nach außen Ausgeglichenheit zu vermitteln ist eine Möglichkeit, dem Selbst zu verstehen zu geben, daß man innerlich ausgeglichen ist. Wenn Sie einen tüchtigen, attraktiven und kompetenten Eindruck machen, dann sind Sie es auch. Machen Sie keinen nachlässigen, unscheinbaren oder inkompetenten Eindruck, dann sind Sie es auch nicht. Wenn Sie sich attraktiv finden, werden Sie sich aufrechter halten und sich mit größerer Sicherheit, ja sogar mit Eleganz bewegen. Empfinden Sie sich als tüchtig und nicht als nachlässig, werden Sie für Ordnung und Schönheit in Ihrer Umgebung sorgen. Empfinden Sie sich als kompetent und nicht als inkompetent, werden Sie die Dinge nicht mehr auf den nächsten Tag verschieben, sondern sie erledigen, sobald sie anstehen.

Emerson zitierte einmal eine Dame aus seiner Bekanntschaft, die erklärte, »das Gefühl, gut angezogen zu sein, verleiht ein Gefühl innerer Ruhe, das zu schenken nicht in der Macht der Religion liegt«. Diese innere Ruhe, so meine Erfahrung, muß kein seltener oder sporadischer Genuß sein, vielmehr kann ein stets gepflegtes Äußeres seinen Teil dazu beitragen, daß dieses Gefühl Bestand hat. Das soll nicht heißen, daß man ein Mensch werden muß, der sich ständig Gedanken darüber macht, ob auch jedes Härchen an seinem Platz sitzt. Es sollte lediglich ein Hinweis sein, daß man auch in einem Morgenmantel eine gute Figur abgeben kann, denn dieser braucht ja nicht häßlich braun und abgetragen und vorne mit Eigelb bekleckert zu sein, er kann doch genausogut hübsch gemustert, adrett gegürtet und makellos sauber leuchten.

Neulich abend war ich eingeladen, um die Hausgäste eines im Dorf wohnenden Ehepaares kennenzulernen, zwei Frauen, die über das Wochenende aus der Stadt herausgekommen waren. Die eine hatte ein reizloses Gesicht mit kantigem Kinn und eine Hakennase, trug aber ein auffallendes, schwarzweiß kariertes Kleid, tollen Modeschmuck und rote Schuhe, und die krausen Haare hatten eine schicken Schnitt, der ihren schmalen Kopf vorteilhaft betonte. Die andere der beiden Frauen sah recht gut aus, hatte aber kein Make-up aufgelegt, die glatten Haare waren zu lang und ungewaschen, und ihre Kleidung nachlässig und ungepflegt. Welche der Frauen war deprimiert und welche optimistisch? Welche war lebhaft interessiert, und welche kroch jeden Abend um acht Uhr ins Bett? Welche mochte sich, und welche haßte ihr Leben? Keine Frage, oder?

Wo das Selbst endet und die Außenwelt beginnt, ist die Haut, und über der Haut befindet sich eine zweite

Haut: die Kleidung. Das sind die Nahtstellen zwischen Mensch und Außenwelt. Menschen mit einer schlechten Haut – mit Akne, Falten, Flecken, Narben, Furchen, Schlaffheit – leiden meist unter ihrem Aussehen. Eine meiner Freundinnen begegnete einmal Greta Garbo in einem Antiquitätengeschäft in New Yorks Upper East Side. Als sich ihre Blicke trafen und die Garbo merkte, daß sie erkannt worden war, flogen ihre Hände hinauf an die untere Gesichtspartie, um die Verwüstungen, die die Zeit angerichtet hatte, zu verbergen. Wenn wir uns soviel Gedanken über das Aussehen unserer ersten – wahren – Haut machen, warum dann nicht ebenso über unsere zweite Haut? Als gewissermaßen zweite Haut ist die Kleidung ebenso sehr Teil von uns und dazu noch eine Hautschicht, die, was Attraktivität, Harmonie und Paßform anbelangt, auch noch weit stärker unserer Kontrolle unterliegt.

Eine mit einem Programmierer verheiratete, freiberufliche Graphikdesignerin erzählte, wie unterschiedlich sich sie und ihr Mann für die Arbeit kleiden, obwohl sie beide zu Hause tätig sind. Arbeitet sie an einem Auftrag, kann sie tagelang im Nachthemd vor ihrem Computer sitzen, während er das Bedürfnis hat, sich jeden Tag sorgfältig anzuziehen, bevor er sich in sein Arbeitszimmer im Haus begibt.

Sie sagt: »Ich bin völlig in meine Arbeit vertieft, da kann ich mich nicht auch noch um so etwas kümmern.«

Er weiß nicht so recht, wie er den Drang, sich gepflegt anzuziehen, erklären soll. »Ich weiß nicht, ich habe einfach das Gefühl, wenn ich mich nachlässig anziehe, würde ich auch nachlässig denken, und ich kann mir Schlampereien nicht leisten. Es sieht so aus, als bräuchte ich klare Abgrenzungen, für mich muß alles stimmen, damit die Arbeit stimmt.«

Der Unterschied mag durch Veranlagung oder die Art der Arbeit bedingt sein, aber was mich angeht, ich halte es mit dem Ehemann. Wenn Sie allein zu Hause arbeiten, können Sie sich natürlich schon fragen, was es für einen Unterschied macht, ob Sie Ihr Gesicht gewaschen haben, ob Sie ein abgetragenes Nachthemd und ausgelatschte Pantoffeln tragen. Ich denke allerdings, es spielt eine Rolle, denn es ist ein sichtbarer Beweis mangelnden Respekts vor Ihnen selbst, Ihrer Arbeit und Ihrer Umgebung. Wie wollen Sie erstklassige Arbeit leisten, wenn Sie das Gefühl haben, ungepflegt und unordentlich zu sein? Eine Zeitschriftenredakteurin aus meinem Bekanntenkreis machte sich entsetzlich lustig über ihre Chefredakteurin, die jedesmal, bevor sie mit einem Mann telefonieren mußte, ihre Lippen nachzog. Es klingt tatsächlich lächerlich, aber diesem Verhalten liegt der gleiche Gedanke zugrunde wie dem Tragen gepflegter Kleidung, obwohl nicht unbedingt ein Anlaß dazu besteht: Man versteckt sich nicht hinter der Aufmachung, sondern benutzt das Äußere zur Stärkung und Unterstützung des Selbstbewußtseins.

Ein Stück weiter die Straße hinunter wohnt eine Frau in einem schlichten Haus. Sie arbeitet in einer Videothek, ihr Mann fährt einen Schulbus, darum nehme ich an, sie verfügen über ein eher bescheidenes Einkommen. Aber wann immer ich mit dem Hund dort vorbeigehe und sie sehe, wie sie Vogelfutter nachfüllt oder die Post aus dem Briefkasten an der Straße holt, trägt sie Make-up und ist hübsch angezogen. »Das«, sage ich mir, »ist eine Frau, die eine hohe Meinung von sich hat.«

Kleidung gibt soviel preis wie ein Rorschachtest, und das aus dem gleichen Grund. In beiden Fällen handelt es sich um eine Projektion der Persönlichkeit. Beides gibt Auskunft darüber, wer Sie als Individuum sind. Kommt es darauf an, die Individualität zu unterdrücken, wird von Amts wegen eine Kleiderordnung erlassen, und alle müssen sich gleich anziehen, nehmen Sie beispielsweise Nonnen oder Soldaten. Eine Freundin von mir trägt Peter-Pan-Kragen, Ausdruck ihrer inneren Überzeugung, noch nicht ganz erwachsen zu sein. Eine andere trägt ständig schwarz, nur ab und zu wechselt sie über zu weiß, und tatsächlich ist sie ein von Fakten besessener Mensch, der die Welt streng schwarz-weiß betrachtet. Kürzlich bekam ich Gelegenheit, über einen Mann zu schreiben, der Menschen, die er für Faulpelze oder Taugenichtse hielt, folgendermaßen charakterisierte: »Er läuft in ausgelatschten Schuhen herum.« Und dieser eine Satz liefert in der Tat die komplette Beschreibung eines Menschen, der nicht viel von sich hält.

Heutzutage halten viele Menschen gepflegte Kleidung für unwichtig, unbequem und nicht mehr zeitgemäß und nehmen sich die Freiheit, ungeachtet des jeweiligen Anlasses irgendwelche alten Klamotten anzuziehen. Aber mir scheint, in der passend auf den jeweiligen Anlaß abgestimmten Kleidung liegt größere Freiheit, denn dann braucht man sich nicht ständig Sorgen über sein Aussehen zu machen. Vor kurzem fand an einem Feiertag ein zwangloser Empfang in einem gastfreien Haus statt, und bei dieser Gelegenheit wurde das Selbstbewußtsein von Freunden, die in den Kampfstiefeln und flatternden Fetzen der Nonkonformisten erschienen waren, einer schweren Prüfung unterzogen. Sie hatten ganz und gar keinen Spaß an der Party, denn sie wußten nur zu gut, daß sie in der Menge auffielen – aber nicht positiv.

Auf derselben Party war eine Frau zu Gast, die ein eierschalenfarbenes, zweiteiliges Seidenkleid trug. Der Jumper fiel in gerader Linie von den Schultern bis zu den Hüften, der passende kurze Rock hatte Plisseefalten. Den Ausschnitt schmückte ein Schal, dessen Ende sie lässig über die Schulter geworfen hatte. Die kurzen Haare schmiegten sich in eleganten Wellen an den Kopf. Um das Bild einer Frau aus den zwanziger Jahren zu komplettieren, fehlte nur noch die ellenlange schwarze Zigarettenspitze. Aber alles war stimmig. Diese Frau hatte das Gesicht, die Figur und die Frisur eines unkonventionellen Mädchens der zwanziger Jahre. Dieser Stil war wie für sie gemacht, und sie hatte den Mut, sich darauf einzulassen, sich nicht nach der neuesten Mode zu richten, sondern nach dem, was ihr stand. Herausfinden, was man hervorheben möchte, was die eigenen Pluspunkte vorteilhaft betont, was einem steht und worin man aufrechter geht, was einem das Gefühl von Eleganz und Charme verleiht, das macht gutes Anziehen im wesentlichen aus.

Einerseits drückt Kleidung aus, was Sie von sich selbst halten, andererseits offenbart sie jedoch auch Ihre Einstellung Ihrem Gastgeber gegenüber. Die Frau in dem cremefarbenen Seidenensemble erwies sich und ihren Gastgebern Respekt. Die Mühe, die sie sich gemacht hatte, um so gut wie möglich auszusehen, war eine Anerkennung für die Mühe, die sich die Gastgeber mit der Party gegeben hatten.

Das absolute Gegenteil ist eine meiner Freundinnen. Kommt sie zu Besuch, lauten ihre ersten Worte, sobald sie aus dem Wagen steigt, in etwa: »Hätte ich mich noch mit Umziehen aufgehalten, wäre ich noch später dran«, oder: »Es hat geregnet, deshalb wollte ich meine guten Sachen nicht anziehen«, oder: »Ich war einfach zu müde zum Umziehen, und ich weiß ja, dich stört es nicht«. Es stört mich. Mag die Anspielung noch so unbewußt sein, ich greife die passiv-aggressive Botschaft auf, die sie übermittelt, nämlich »ich werde nie zugeben, daß du mir wichtig bist, daß ich mir deinetwegen irgendwelche Mühe gebe«, und ich bin ein wenig verletzt, ein wenig zornig.

Eine Figur in William Styrons *Sophies Choice* sagt: »Kleidung ist wichtig. Sie ist Teil des Menschseins. Es kann ebensogut eine Sache der Schönheit sein, etwas, das echte Freude bereitet. Und in der Folge auch anderen Freude machen kann. Doch das ist zweitrangig.« Zweitrangig vielleicht, aber trotzdem sehr echt, und man sollte nicht vergessen, man kann ebenso Kummer wie Freude bereiten.

In ein so glänzendes Fell gehüllt, daß jede einzelne Haarspitze in der Sonne funkelnd aufleuchtete, gebärdete sich Trot mit der Anmut eines Schneeleoparden, dem Selbstvertrauen einer Barbara Streisand und katzentypischem Hochmut. Hielt er sich für einen tolleren Kerl als die anderen Katzen? Zweifellos. Hing seine Vorliebe für Leitern damit zusammen? Vielleicht, denn ihm gefiel es, sich über die Menge zu erheben. Kaum wurde eine Trittleiter aufgestellt, war das für ihn eine klare Einladung zum Hinaufklettern. Es änderte nichts, wenn ich bereits auf der Leiter stand und mit einer lärmenden Heckenschere oder einem schmutzigen Farbpinsel hantierte. Er zwängte sich an mir vorbei und drapierte seinen langen Körper dekorativ auf der obersten Stufe. Schrie man ihn an, veranlaßte ihn das lediglich zu einem ungläubigen Augenblinzeln, als könne man nicht im Ernst ihn meinen und ihn runterscheuchen wollen. Versuchte ich nachdrücklich, ihn zum Absteigen zu bewegen, klammerte er sich an die Stufe, kauerte sich zusammen und machte es einem so schwer, ihn von der Stelle zu bewegen, als wäre er eine Zecke, die sich festgesaugt hat.

Eines Tages schleppte ich die Ausziehleiter aus Aluminium hinaus, lehnte sie an das Haus und kletterte auf ein Flachdach in Höhe des ersten Stockwerks, um Fensterrahmen zu streichen. Als ich seltsame Geräusche auf der Leiter hörte, ging ich zum Rand des Daches und spähte hinab. Trot arbeitete sich langsam herauf, die Sprossen schreckten ihn nicht. Er gebrauchte die Vorderpfoten wie Arme, die er um die Sprossen krümmte, und zog sich Sprosse für Sprosse hinauf. Die Überwindung des vorspringenden Daches erforderte längere, komplizierte Manöver, aber man konnte Trot alles nachsagen, nur nicht, daß er nicht wild entschlossen war, und er schaffte es. Mit einem unmißverständlichen, höchst befriedigten Grunzen turnte er auf das Dach, suchte sich einen Platz ganz vorne am Rand und ließ sich nieder, ein Löwe auf einem Ausguck. An jenem Tag war er tatsächlich der König der Berge.

Das war das Schlimme mit Trot. Kaum hatte er erfolgreich den Anschein erweckt, er sei ein stattlicher Kater, tappte er in die Falle der Arroganz. Er verlangte Anerkennung, und zwar nicht nur dafür, daß er ein feiner Kerl war, sondern der feinste aller Kerle, der Kater aller Kater.

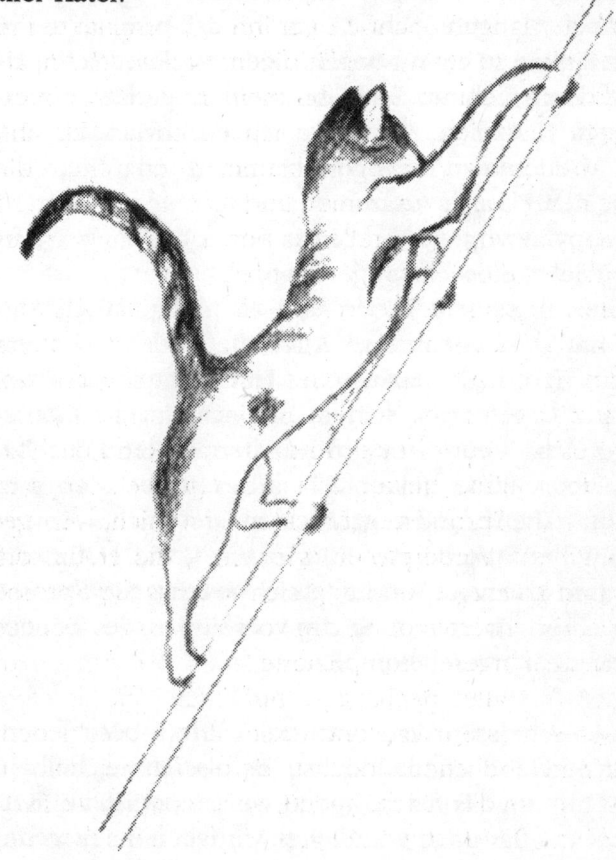

Erbot sich Poppie, Socksie den Kopf zu putzen, schob Trot seinen Kopf zwischen die beiden. Hatte sich Socksie gerade bequem zurechtgerückt, legte sich Trot mit dem Rücken an ihn und schob – ein bißchen, noch ein bißchen und noch ein bißchen, bis er Socksies Platz erobert hatte. Hatte Socksie seinen Kopf behaglich in die Krümmung von Poppys Körper gebettet, zuckte Trot heftig mit seinem über dreißig Zentimeter langen Schwanz und tat dabei so, als sei er in Gedanken völlig woanders, bis er Socksies Schnurrhaare derart heftig in Mitleidenschaft zog, daß Socksie auf sein Kissen verzichtete und sich abwandte, was Trot, wiederum wie geistesabwesend, erlaubte, sich auf seinen Platz zu wälzen.

Poppy akzeptierte Trot trotz seiner hochherrschaftlichen Selbsteinschätzung, und Socksie war viel zu zufrieden mit seinem Leben und zu phlegmatisch, um sich mit ihm anzulegen. Aber die anderen Katzen brachte Trot nicht dazu, seine Überlegenheit anzuerkennen. Chester, mit seinem Bedürfnis nach Distanz, trollte sich, wenn Trot um ihn herumscharwenzelte. Die stets schlecht gelaunte Pickles fauchte, sobald er sich ihr näherte, und verpaßte ihm Ohrfeigen, wenn er vor ihr herumstolzierte. Kate nahm keine Notiz von ihm, und als Sweet William als junges Kätzchen zu uns kam, ignorierte er Trot. Er zog Socksie vor, den er liebte und dem er nacheiferte.

Bei Menschen war Trot auch kein Erfolg beschieden. Normalerweise empfände man es als schmeichelhaft, auf Schritt und Tritt verfolgt zu werden, denn bei Katzen ist das ein ungewöhnliches Verhalten, aber weder war ich begeistert davon noch verwechselte ich Trots Aufmerksamkeit mit liebevoller Hingabe. Er schlich herum, als spioniere er hinter mir her. Er tauchte immer da auf, wo ich ihn am wenigsten vermutete, in Schränken, hinter Türen, unter Sträuchern, und sobald er merkte, daß ich ihn entdeckt hatte, kam er eilig zu mir und rieb sich auf die ihm eigene schmeichlerische Art und Weise an meinen Beinen. Am meisten frustierte ihn, daß er, wie die anderen Katzen auch, keinen Zutritt zum Hühnerstall hatte, weil ich auf keinen Fall Katzenhaare in der Tastatur meines Computers haben wollte. Er warf sich immer wieder gegen die Tür und miaute in einer solchen Lautstärke und mit einer so unglaublichen Ausdauer gereizt um Einlaß, daß ich manchmal versucht war, mich aus dem Fenster im ersten Stock zu beugen und ihm ein Glas Wasser auf den Kopf zu schütten. Blieben seine penetranten »Sesam öffne dich«-Gesänge ohne den gewünschten Erfolg, marschierte er zu einem Fenster an der Seite und starrte herein. Er hielt Ausschau nach jeder Bewegung im Inneren, und sobald er irgend etwas bemerkte, begann er von neuem mit seinem Geschrei. Das kleinere Übel war Trots übersteigertes Geltungsbedürfnis, das größere die Mischung aus Arroganz und Unterwürfigkeit. Es war, als würde er sagen: »Ich armer Wicht, warum merkst du bloß nicht, wie großartig ich bin? Warum würdigst du mich nicht mehr als all die anderen?«

Die Tatsache, daß ich das eindeutig nicht tat und, von Poppy abgesehen, die anderen Katzen auch nicht, ließ Trot letztlich ein wenig verzweifeln. Konnte er schon nicht den absoluten Vorrang erringen, schien er offensichtlich entschlossen, zumindest nachdrücklich

Anspruch auf den ersten Platz zu erheben. Er begann, das Haus als sein Revier zu markieren. Bisher war er mit der Allüre »Das bin ich« herumstolziert. Jetzt stolzierte er herum und verkündete »Das gehört mir«. Wir hatten angenommen, er sei kastriert, aber er hatte die Fähigkeit zum Spritzen behalten und machte nun Gebrauch davon, richtete sein Hinterteil auf ein Möbelstück – besonders erfreulich bei der Armlehne der Wohnzimmercouch – und versetzte seinen ladestocksteif hochgestellten Schwanz in heftiges Zittern.

Als wir begriffen, daß Trot Markiermarken verspritzte, verfrachteten wir ihn schnellstens zur Tierärztin. Konnte es sein, daß sie sich geirrt hatte und er doch nicht kastriert war? Nein, sagte sie, es komme vor, daß Kater weiterhin spritzen. Wir könnten mit Hormontabletten versuchen, dem ein Ende zu setzen, und das taten wir, neben schimpfen, schreien und einem tüchtigen Klaps, wann immer wir Trot in flagranti erwischten. Nichts half. Trot war fest entschlossen, sich sein Revier anzueignen, und in seinen Bemühungen, alles zu bekommen, verlor er alles.

Wir brachten ihn auf eine Pferdefarm im tiefsten Hinterland, wo er als Scheunenkatze leben konnte, zusammen mit Poppy, die ihm Gesellschaft leisten sollte. Wir hofften, die beiden würden zusammenhalten und einander Rückhalt geben, aber Poppy, wie immer geplagt von tausend eingebildeten Ängsten, floh sofort über die Weiden; Trot hing noch ein paar Tage herum, dann verschwand auch er.

Ist ein wenig besser als gar nichts, oder gar nichts besser als nur ein wenig? Wenn Sie die Situation nicht ändern und Ihren Vorstellungen entsprechend anpassen können, sollen Sie sich dann ändern und sich der Situation anpassen? Wenn Sie nicht erlangen können, was Sie haben wollen, sollten Sie sich dann mit dem zufriedengeben, was Sie haben? Diese Fragen stellen sich uns sehr wahrscheinlich nicht nur einmal im Laufe eines Lebens, und die Antwort darauf lautet nicht unbedingt jedesmal gleich.

Sweet William

Ich bezweifle, ob eine Katze sich je fragt, ob das Leben lebenswert ist. Sie nimmt einfach hin, daß es schön ist, auf der Welt zu sein, und lebt neugierig vor sich hin, jede Behaglichkeit und Annehmlichkeit nutzend, die sie sich verschaffen kann.

Sweet William entspricht diesem Zeitbild wie fast jede andere Katze, die ich kenne. Er ist die einzige Katze, die ich je gekauft habe: ein schneeweißer Langhaarkater, nicht reinrassig, glaube ich, denn ich habe nur fünfundzwanzig Dollar für ihn bezahlt, aber unheimlich schön und von einer Sanftmut, um die ihn ein Engel beneiden könnte. Ich wußte nicht, daß er weiß war, als ich loszog, um ihn mir anzusehen. Hätte ich es vorher gewußt, wäre ich vielleicht gar nicht erst hingegangen, denn ich habe mir nie etwas aus weißen Katzen gemacht, ebensowenig wie aus weißen Wagen oder weißen Zimmern, denn meiner Meinung nach ist Weiß als Farbe zu nichtssagend. Aber als die Tierärztin anrief, sagte sie lediglich, ein Antiquitätengeschäft in Mountainville habe drei Langhaarkatzen zu verkaufen. Die Tierärztin wußte, daß Kate, meine Schildpattperserkatze, vor einigen Monaten gestorben war und ich mich seither auf der Suche nach einer vergleichbaren Katzenschönheit befand.

In meinen Augen sind alle Katzen bezaubernde Geschöpfe, vorausgesetzt, ihr Gesicht ist nicht extrem spitz oder die Zeichnung ihres Fells nicht häßlich wie bei Trot, aber Perserkatzen mit ihren breiten Köpfen, kurzen Beinen, gedrungenen Körpern und dem üppigen Fell sprechen mich vom Äußeren her besonders an. Ein solches Geschöpf zusammengerollt auf meiner Wohnzimmercouch liegen zu sehen, bereitet mir ästhetischen Genuß, ähnlich wie ein über der Couch hängendes Bild. Das hindert mich nicht daran, Streuner aufzunehmen, deren Äußeres nicht unbedingt eine Empfehlung ist, aber es macht mir einfach Freude, wenn wenigstens eine wirkliche Schönheit unter meinen Tieren ist. Zur Zeit habe ich sogar das Glück, zwei Schönheiten um mich zu haben, Sweet William – und nein, keine andere Katze, sondern den Hund, Charlie. Ich hatte ihn als niedliches, kleines, schwarzweißes, pummeliges Hündchen von der Humane Society geholt, und Charlie wuchs – und wuchs und wuchs – zu einem siebzig Pfund schweren Hund mit perfektem Körperbau heran, mit dem stolzen Kopf eines Setters, dem seidigen, leicht gewellten Fell und dem üppigem Schwanz eines Golden Retrievers und den Farben eines Border Collies. Mehr habe ich über seine Vorfahren nie herausgefunden, aber wer auch immer sich unter seinen Ahnen getummelt haben mag, das Ergebnis ist jedenfalls ohne Fehl und Tadel. Mit dem Eingeständnis, so großen Wert auf Schönheit zu legen, setze ich mich zwar dem Vorwurf des elitären Denkens aus, aber ich kann nicht leugnen, daß mir der Anblick von Harmonie und Eleganz große Freude bereitet.

Die drei Kätzchen im Antiquitätengeschäft sahen aus, als hätte die Besitzerin ein Daunenkissen aufgeschlitzt und den Inhalt in einen Weidenkorb geschüttelt, so weiß und weich und gewichtslos waren sie. Ob ich weiße Katzen mochte oder nicht, spielte augenblicklich keine Rolle mehr; die Kätzchen waren einfach unwiderstehlich. Blieb nur die Frage, für welches ich mich entscheiden sollte. Mit den Worten, dies sei ihr Liebling, nahm die Besitzerin das zuoberst liegende Kätzchen aus dem Korb und hielt es an ihre Wange. »Er hat ein allerliebstes Wesen und liebt Menschen«, sagte sie. Ich schrieb sofort einen Scheck aus.

Damals hatte ich Socksie, Poppy und Trot. Das Kätzchen, gewohnt, sich an die warmen Körper seiner Geschwister zu kuscheln, wählte als Ersatz den großen schwarzen Kater, und Socksie gefiel das; je mehr Körper sich an ihn preßten, um so besser. Poppy und Trot waren eifersüchtig auf den Neuankömmling, aber sobald sich das unglaublich ausgeglichene Naturell des Kätzchens gezeigt hatte, waren auch diese beiden gewonnen. Der kleine Kater war so friedlich und gelassen, daß man ihn unmöglich ängstigen oder ärgern konnte. Mein erster Eindruck von seiner Gutmütigkeit bestätigte sich, und eines Tages kam ich ganz selbstverständlich auf den Namen, der zu ihm paßte, er mußte Sweet William heißen, nach einer Blume von der rosa Farbe seiner Nase und dem Weiß seines Fells.

Eine meiner Freundinnen meint gelegentlich, es sei schade, daß es kein Mittel gäbe, mit dem man Kätzchen einsprühen könne, damit sie nicht erwachsen würden. Nicht, daß ausgewachsene Katzen nicht wunderbare Geschöpfe sind, aber es bereitet einen Riesenspaß, Kätzchen dabei zuzusehen, wie sie sich zur Erkundung der Welt aufmachen. Sie stürzen sich einfach auf alles, um damit zu spielen, entdecken köstlich prickelnde Bedrohungen in Schatten und spüren hinter Türen Geister auf, so daß sie plötzlich imponierend buckeln und auf winzigen Katzenpfötchen seitwärts tanzen. Und von einem Moment auf den anderen schlafen sie, lassen sich einfach fallen, wo sie gerade gehen und stehen. Zwar kommt es vor, daß ein Kätzchen einen Gegenstand auf dem Kaminsims über den Rand schiebt und interessiert beobachtet, wie das Ding beim Aufschlagen unten auf der Kaminplatte zerschmettert, aber im allgemeinen verhalten sich Kätzchen nicht so zerstörerisch wie junge Hunde, die Schuhe, Hausschuhe und Bücher anknabbern, und es erfordert auch nicht endlose Mühe und Ausdauer wie bei einem jungen Hund, bis sie stubenrein sind. Kätzchen sorgen selbst dafür, daß sie stubenrein werden.

Was das angeht, entpuppte sich Sweet William allerdings als Schelm. Er wußte genau, wo das Katzenklo stand, und er wußte, wofür es gedacht war, aber er wollte es nicht benutzen. Auf dem Land war das kein Problem, da konnte er sich im Freien seine Plätze aussuchen, aber in der Stadt erleichterte es einem das Leben nicht gerade. Ich fragte eine Frau um Rat, die sich sehr gut mit Katzen auskannte, und sie sagte, das sei manchmal ein Problem bei Langhaarkatzen, es sei, als läge ein genetischer Fehler vor, und genau diesen Eindruck hatte ich bei Sweet William. Trotz, Halsstarrigkeit oder Aufsässigkeit entsprachen absolut nicht seiner Natur. Er wollte keineswegs ungehorsam sein;

ihm fehlte einfach das Verlangen nach der Benutzung eines Katzenklos.

In jeder anderen Hinsicht war er überaus liebenswert. Tatsächlich war er so unbeschwert, gutmütig und zärtlich, daß ich nicht beurteilen konnte, ob er intelligent war oder nicht. Schließlich entschied ich, er sei für seine Zwecke intelligent genug. Auf Dinge, die ihm wichtig waren, lernte er schnell zu reagieren, zum Beispiel wenn die Wohnzimmertür offenstand oder ein Hühnchen in der Einkaufstüte war. Hielt sich niemand im Wohnzimmer auf, war es den Katzen verboten, hineinzugehen, damit hinterher nicht die Möbel voller Katzenhaare waren, und prompt wurde das Wohnzimmer zu ihrem bevorzugten Aufenthaltsort und die Sessel avancierten zu ihren Lieblingsschlafplätzen. Nicht nur Sweet William, auch alle anderen schlichen hinein, sobald die Tür nur einen Spaltbreit offenstand. Den größten Reiz übt auf eine Katze unweigerlich das Verbotene aus.

Was die Hühnchen anging, waren die extra abgepackten Innereien und die blutigen Abfälle aus der Bauchhöhle Sweet Williams absolute Lieblingsschlemmerei, und auf geheimnisvolle Weise erschien er jedesmal in der Küche, sobald ein Hühnchen ausgepackt wurde. Zu höflich, um in Geheul auszubrechen und ohnehin nicht mit einer großen Stimme gesegnet, wies er unmißverständlich auf seine Anwesenheit hin, indem er sich neben mir auf die Zehenspitzen stellte, sich an das Schränkchen lehnte und sich so lang wie möglich machte, nicht, um an das Essen heranzukommen, sondern um mich wissen zu lassen, daß er da war. Leider konnte ich ihm nie soviel geben, wie er haben wollte, denn wenn er mehr als ein paar Bissen bekam, wurde ihm schlecht.

Was er noch liebte, war, auf meinem Schoß zu sitzen – das heißt, nicht direkt auf meinem Schoß, er wollte in den Armen gehalten werden, so daß er sein Gesicht in meiner Ellenbogenbeuge vergraben konnte. Wenn Connie auf meinem angestammten Platz saß oder ich auf ihrem, schien das Sweet William zu verwirren. Sollte er auf den richtigen Sessel mit der falschen Person oder auf den falschen Sessel mit der richtigen Person? Entschied er sich für den richtigen Sessel, versuchte Connie, ihn auf die von ihm bevorzugte Art und Weise zu halten, fest zusammengerollt wie ein kleines Paket, aber er wußte genau, er lag in den Armen der falschen Person. Nach ein paar Minuten zog er dann los, um die andere Person auszuprobieren, obwohl es der falsche Sessel war.

Sogar nach Connies Umzug nach Go Well betrachteten ihre Katzen sie als ihre Bezugsperson und meine Katzen mich als die ihrige. Chester und Pickles empfanden sich eindeutig als Connies Katzen, auch wenn Chester mit der Zeit seine Loyalität auch ein wenig auf mich ausdehnte. Sweet William, Bitty und Kate waren meine. Poppy war niemandes Katze, Trot war jedermanns Katze, Socksie stand unparteiisch mit uns beiden auf gleich gutem Fuße.

Wenn Sweet William eine Leidenschaft hatte, dann, in mondhellen Nächten draußen zu sein, und das machte mir Sorgen, denn mit seinem weißen Fell war er so deutlich sichtbar, als bewege er sich im Scheinwerferlicht. Besonders als er noch klein war, fürchtete ich, eine Eule könne ihn packen und in ihren Krallen davontragen, oder ein Waschbär würde ihn erbeuten. Ich wußte, trotz seiner Gemütsruhe würde dieser Kater eher mit einem Waschbären kämpfen als davonzulaufen, denn er war vollkommen furchtlos, und ich konnte mir nicht vorstellen, daß er gegen ein wildes Tier mit bösartigerem Naturell und kampferprobten Zähnen und Klauen eine Chance gehabt hätte. Soweit ich weiß, wurde Sweet William zum Glück nie auf die Probe gestellt, und nach wie vor macht er sich des Nachts unverdrossen auf, setzt sich auf die Veranda und beobachtet die vor der Scheibe des Mondes vorbeifliegenden Gänse oder streift im Dunkeln auf Beutesuche umher. Und wieder hätte ich gedacht, sein schneeweißes Fell sei dabei von Nachteil, die Mäuse im Gras müßten ihn von weitem kommen sehen, aber oft, wenn er nachts als einziger draußen gewesen war, lag am anderen Morgen säuberlich dargebracht auf dem Opferaltar der vorderen Stufen eine Maus.

Der Anblick seiner Trophäen schmerzte mich. Nie hob ich eine tote Maus am Schwanz auf, um sie wegzubringen, ohne von der Perfektion dieses Tierchens zutiefst berührt zu werden: fünf winzige Zehen an jedem Fuß, steife, empfindliche Schnurrhaare, papierdünne runde Öhrchen, in warmem Grauton glänzendes Fell, weicher als Samt. Der einzige unattraktive Körperteil einer Maus ist der unbehaarte Schwanz, aber selbst der ist nicht annähernd so häßlich wie der steife, dicke, unelastische Schwanz einer Ratte. Ein oder zweimal fingen die Katzen eine kleine Ratte, die vermutlich vom nahen Fluß kam, und alles, was ich empfand, als ich den toten Körper auf die Schaufel

lud, war Abscheu, aber um die Mäuse tat es mir regelrecht ein bißchen leid.

Meine Empfindsamkeit bezieht sich allerdings nur auf tote Mäuse. Lebendige Mäuse versetzen mich in Furcht und Schrecken, und ich bin dafür bekannt, die albernsten Schreie und Juchzer auszustoßen, sobald eine im Geräteschuppen aus einem Korb herausspringt. Einmal gab es allerdings eine Ausnahme. Als ich nach einem alten Bettbezug griff, der zum Aufsammeln von Blättern benutzt wurde, sprang eine Maus hervor und auf einen Sims hinauf. Im gleichen Moment fiel ein Nest aus Blättern und Baumwollfusseln zu Boden. In dem Nest befanden sich vier rosarote, haarlose neugeborene Mäuse, so groß wie das erste Glied meines kleinen Fingers. Ich zog mich an die Tür des Geräteschuppens zurück. Die Mutter lugte hinter einer auf dem Sims stehenden Blechdose hervor, überblickte die Lage, beäugte mich, lief dann am Stiel eines Rechens hinab, um Werkzeuge, Rasenmäher, Eimer und Körbe herum oder darunter durch, kam zu den Babys und nahm vorsichtig eines ins Maul. Über den Sinterboden des Schuppens huschend, verschwand sie in einem unter der Rückwand durchführenden Gang, der in den riesigen Komposthaufen hinter dem Schuppen mündete, auf dem Unkraut und Schnittgut verrottete. Ich wartete. Einen Moment später tauchte sie bereits wieder auf. Erneut taxierten mich ihre glänzenden schwarzen Augen, sie wogen ab, ob ich einen Ausfall gegen sie plante. Ihr Instinkt zur Rettung ihrer Jungen obsiegte. Sie flitzte wie ein Soldat unter Beschuß von Deckung zu Deckung, wagte einen Vorstoß in ungeschütztes Gelände zum Nest hin, schnappte ein weiteres Jungtier und rannte zum Gang zurück. Noch zweimal kam sie wieder, bis sie alle ihre Jungen fortgeschafft hatte.

Ich war mir bewußt, ich würde diese jungen Mäuse verfluchen, sobald sie ausgewachsen waren, denn mit Sicherheit fraßen sie sich durch meine Kartons mit Grassamen, so daß mir beim Hochheben der Schachteln der Samen herausrieselte. Vielleicht wäre es sinnvoller gewesen, sich ihrer jetzt zu entledigen, anstatt später Fallen aufzustellen. Aber nein. Sie verdienten es, die Freude des Lebens kennenzulernen, bevor wir unsere vorherbestimmten Rollen übernahmen, und – wer weiß? – vielleicht war die eine oder andere clever genug, um meinen Fallen zu entgehen, und führte ein langes, glückliches Leben. Ein nützliches Leben? Ich habe keine Ahnung. Man weiß, wofür Würmer alles gut sind und Bienen und Schmetterlinge, aber von einem positiven Beitrag der Mäuse habe ich noch nie etwas gehört.

Von allen Katzen hatte nur Sweet William keinen geregelten Tagesablauf. Er schien an das kleine Glück zu glauben und der Überzeugung zu sein, daß die Dinge sind, wie sie sind. Er versuchte nicht, das Leben nach seinen Wünschen zu formen; er nahm es, wie es kam. Was immer ihm an Aufmerksamkeit und Bewunderung, an Annehmlichkeiten oder Essen geboten wurde, genoß er, aber er kämpfte nicht um seine Freuden und setzte auch nicht voraus, daß sie ihm von Rechts wegen zustehen müßten.

Wie läßt sich Sweet Williams Gleichmut erklären? War er mit perfektem Naturell geboren worden, mit nicht zuviel und nicht zu wenig von jenem Hormon, diesem Neurotransmitter, mit makellosem, stets ausgeglichenem Nervenkostüm und mit Reflexen, die nur in vernünftigem Maße in Aktion traten? Ich hatte da weniger Glück gehabt, meine Schreckreaktionen hätten einem Schwarm Spatzen zu Ehren gereicht. Darum mußte ich stets bewußt nach Wegen suchen, die mich in die lichten Regionen der Ruhe und Entspannung führen.

In dem Versuch, Antwort auf die Fragen zu erhalten, mit denen sich ein junger Mensch herumschlägt, wer bin ich, warum empfinde ich so und nicht anders, warum verhalte ich mich so und nicht anders, unterzog ich mich in jungen Jahren jahrelang einer Psychoanalyse, als diese Methode der Annäherung an Lebensprobleme auf dem Höhepunkt ihrer Akzeptanz stand. Ich erfuhr soviel über mich, daß ich im Anschluß an die Analyse fast verzweifelte. Ich war analysiert worden – man hatte mich auseinandergenommen, die Wurzeln meiner Ängste bloßgelegt, meine Unzulänglichkeiten schmerzhaft ans Licht gebracht –, und als die sezierende Analyse vorüber war, mußte ich mich wieder zu einem Ganzen zusammenfügen.

Ich kam mir vor wie eine an sich funktionsfähige Uhr, die aber mal vor- und mal nachgeht und deshalb zum Uhrmacher gebracht wird. Der untersucht sie und sagt: »Ah ja, ich zeige Ihnen gern, warum Ihre Uhr nicht immer so exakt funktioniert, wie sie eigentlich sollte. Sehen Sie dieses kleine Rädchen hier, und da, diesen kleinen Stift? Diese Stelle mit der kleinen Delle? Und hier, ist da nicht ein wenig Wasser in das Uhrwerk eingedrungen? Diese Feder, die ein bißchen zu stramm angezogen ist?« Und wenn er das ganze Ding auseinandergenommen hat, wendet sich der Uhrmacher mit einer Handbewegung ab und verkündet: »So, nun habe ich Ihnen gezeigt, wo die Probleme liegen. Die Uhr wieder zusammenzusetzen, überlasse ich Ihnen.«

Nichts liegt mir ferner, als mich abfällig über das Erlangen innerer Erkenntnisse auszulassen. Diese Erkenntnisse sind von unschätzbarem Wert, denn ohne sie können die notwendigen Korrekturen an den eigenen Einstellungen dem Leben und den Menschen gegenüber nicht vorgenommen werden. Aber ausreichende Erkenntnis bekommt man oft schon mit Hilfe einer kürzeren, aktiver eingreifenden Therapie oder Methode, bei der zumindest ebenso großer Nachdruck auf die positiven Seiten des Betreffenden gelegt wird wie auf das, was es zu ändern gilt, und bei der nicht die gesamte Persönlichkeit auseinandergenommen werden muß.

Aber zu der Zeit, von der ich gerade erzähle, hielt man Kurzzeittherapien für nicht seriös. Da stand ich also nach vier Jahren Langzeittherapie und versuchte, die tausend Teile des Puzzles wieder zu einem zusammenhängenden Selbst zusammenzusetzen. Als ich bei dem auf medizinische Texte spezialisierten Verlag arbeitete, gab man mir eines Tages die englische Übersetzung eines deutschen Buches zur Bearbeitung. Das Buch, *Autogenes Training* von E. G. Luthe, basierte auf der Arbeit eines Psychiaters namens Schultz, der in seiner Praxis Hypnose anwendete. Schultz hatte festgestellt, daß Menschen, die nicht hypnotisiert werden konnten, sehr wohl leicht einen vorhypnotischen Zustand erreichten, in dem sie entspannt und zugänglich für Suggestion sind, und ferner, daß sie diesen Zustand mittels Selbstsuggestion, täglich zweimal zu Hause ausgeführt, herbeiführen und damit eine Verringerung von Ängsten und eine Steigerung des Wohlempfindens erreichen können.

Als ich mit der Bearbeitung des Buches begann, hatte ich nur Verachtung übrig für eine Methode, die auf eine Besserung von Depressionen oder eine Verringerung von Ängsten abzielte, und meiner Ansicht nach lediglich darin bestand, daß man sich hinlegt, ein Kissen unter den Kopf und ein zweites unter die Knie schiebt und, während man einen Arm visualisiert, stumm intoniert: »Mein rechter Arm ist schwer. Mein rechter Arm ist schwer. Mein linker Arm ist schwer. Mein linker Arm ist schwer.« Und dann ging der Sermon weiter mit jedem Bein. Anschließend folgte die Variante: »Mein rechter Arm ist warm. Mein rechter Arm ist warm« etc. Und bei der nächsten Runde: »Stirn angenehm kühl«, und weiter: »Es atmet mich«.

»›Es atmet mich‹, ist grammatikalisch falsch«, beklagte ich mich bei meinem Chef. »Aber so geht es das ganze Buch durch, der Autor scheint damit sagen zu wollen, daß etwas mit der betreffenden Person passiert, statt, daß diese aktiv selbst etwas in Gang setzt.«

»Lassen Sie es stehen«, sagte mein Chef, und das tat ich, murrend, wie albern und eintönig das Ganze auch war, denn der Singsang wiederholte sich Seite für Seite. An meinem Schreibtisch sitzend, die Beine ausgestreckt, den linken Arm auf die Schreibtischplatte gelegt, arbeitete ich an dem Manuskript, und wie sich der Tag so dahinschleppte, merkte ich, daß mein linker Arm tatsächlich schwer wurde, auch meine Beine, und ich mich insgesamt wohlig entspannt fühlte, für mich ein ungewohnter Zustand am Ende eines Arbeitstages.

An diesem Abend wollte ich zum Essen ausgehen, aber bis ich mich umziehen mußte, blieb mir zu Hause noch eine Stunde Zeit. Ich beschloß, diese Methode, die mir nach wie vor als zu lächerlich und naiv erschien, um bei neurotischen Problemen für Abhilfe sorgen zu können, auszuprobieren.

Ich verteilte die Kissen wie vorgeschrieben, legte mich hin und begann mit der Selbstsuggestion: »Mein rechter Arm ist schwer«, und konzentrierte mich dabei auf meinen Arm, das heißt, fühlte ihn bewußt von der Schulter über den Ellenbogen über das Handgelenk bis in die Fingerspitzen hinein.

Pflichtgemäß absolvierte ich diese Übung für beide Arme und beide Beine und begann anschließend von vorn, diesmal mit der Wärmeübung, also »Mein rechter Arm ist warm«. Stumm wiederholte ich diese Worte und visualisierte dabei meinen Arm, und mitten in dieser Übung erweiterten sich plötzlich sämtliche Kapillargefäße in meinem Arm, und Wärme durchflutete Arm und Hand.

Der gleiche warme Strom lief durch meinen anderen Arm und durch beide Beine, und ich sank in einen Zustand der Ruhe, so frei von jeglicher Anspannung wie ein alter Socken. Obwohl ich nach außen hin nicht nervös erschien, erfüllte mich normalerweise eine starke innere Unruhe, deshalb empfand ich diesen Zustand als geradezu paradiesisch. Aber was mich letztendlich wirklich überzeugte, war, daß die innere Ruhe anhielt, als ich zum Essen ausging. Ich blieb innerlich entspannt, so leicht, beschwingt und unangestrengt wie Patsy Clines Stimme und fühlte mich in meinem Körper so wohl wie eine Katze in ihrem.

Natürlich ist nichts von Dauer, schon gar nicht das Umsetzen guter Vorsätze wie tägliches autogenes Training, aber ich praktizierte es ziemlich lange regelmäßig und kam immer wieder darauf zurück, wenn ich überreizt war, einen schweren Tag hinter mir hatte oder einfach abschalten mußte. Nach einiger Zeit merkte ich, daß ich in diesem vorhypnotischen Zustand Musik erlebte, als befände ich mich inmitten einer Klangschüssel, als habe die Trennung zwischen mir und der Musik aufgehört zu existieren. Ich befand mich in der Musik, und die Musik befand sich in mir. Ich mag besonders Konzerte, Solokonzerte mit Orchesterbegleitung, Werke also, in denen sich ein Instrument im Vordergrund befindet – ich finde das Individuum stets interessanter als die Menge –, darum legte ich das Violinkonzert von Bruch oder Beethovens Viertes Klavierkonzert auf und verlor mich in einer Welt aus Klängen.

Die Musik war eine unorthodoxe Beifügung zum autogenen Training, aber mir kam das entgegen, weil ich mich dabei vergaß, weil sie die Flut ungebetener Gedanken, die mir dauernd durch den Kopf gingen, unterbrach.

Seit dieser ersten Bekanntschaft mit einer Entspannungstechnik, im wesentlichen einer Form der Meditation, habe ich andere Methoden ausprobiert, darunter Transzendentale Meditation und verschiedene Zen-Methoden, aber mein Problem dabei ist stets das gleiche: Ich kann nicht aufhören zu denken. Selbst wenn ich mich exakt an Lawrence LeShans Anweisungen in seinem Buch *How to Meditate* halte und mit der einfachsten Technik beginne, dem Konzentrieren auf die Atmung, brav viermal ausatme und dann neu anfange, schaffe ich es nicht, eine plötzlich von irgendwo auftauchende Idee nicht weiterzuspinnen.

Ich gehe wieder zurück, aber kaum bin ich mit Zählen bei drei angelangt, bin ich bereits wieder hinter einer neuen Idee her. In allen Anweisungen steht sinngemäß: Versuchen Sie es nicht mit Gewalt. Strengen Sie sich nicht krampfhaft an. Machen Sie sich keinen Vorwurf. Konzentrieren Sie sich einfach wieder auf Ihren Atem. Lassen Sie Ihre Gedanken vorüberziehen. Alles schön und gut, und mich erfüllt Bewunderung für alle Menschen, die beim Meditieren eine Stunde lang im Schneidersitz und mit freiem Kopf dasitzen können, aber ich muß meinem Verstand einen Knochen vorwerfen, auf dem er herumkauen kann, sonst fängt er an zu streunen. Lange war das für mich die Musik. Schließlich entdeckte ich eine Meditationstechnik mit Anleitung.

Eine Freundin besuchte einen viertägigen Workshop für Silva-Mind-Control und was sie erzählte, klang so vielversprechend, daß ich mich an einem langen Wochenende zu einem Kurs anmeldete. Bei der Silva-Methode begibt man sich »auf die Alphastufe«, insofern unterscheidet sie sich von »warm und schwer«, aber das Resultat ist ähnlich, nämlich Entspannung und ein Ruhen in sich selbst. In diesem Stadium gibt der Leiter des Workshops die Anweisung, man solle sich im Geist an einen Ort des Friedens versetzen. Für mich bedeutet das, in einem ruhigen Meer, sanft geschaukelt von der Dünung, auf einer Luftmatratze zu liegen. Durch die jeweilige Vorstellung wird der Entspannungszustand vertieft.

Der Kursleiter bringt nun verschiedene Bilder ins Spiel, aber die konkreten Einzelheiten dieser Bilder bleiben der eigenen Vorstellungskraft überlassen. So kann der Kursleiter zum Beispiel vorgeben, daß Sie einen Weg entlang gehen und einem Tier begegnen, das zu Ihnen spricht. Allein Ihrer Vorstellung bleibt es aber überlassen, ob der Weg kurvig oder steinig oder steil ist, ob er sich durch eine mit hohem Gras bewachsene Wiese schlängelt oder an einem Berg entlangführt oder in einen Dschungel hinein; passend dazu wird dann ein zur Rettung herbeieilender Bernhardiner, eine Schlange oder ein Löwe heraufbeschworen; entsprechend seiner Funktion sagt das Tier, es wolle einen fressen, vergiften oder in Sicherheit bringen.

Öffnet man sich diesem freien Spiel der Phantasie, erfährt man erstaunlich viel über sich selbst und über das, was unterhalb der Bewußtseinsebene vor sich geht. Außerdem macht es weit mehr Spaß, als sich wieder und wieder auf das Atmen zu konzentrieren.

An diesem Wochenende, an dem ich den Silva-Mind-Control-Kurs besuchte, begab ich mich auf die erste von vielen später wiederholten Reisen an einen Ort, der mir so lebendig und deutlich vor Augen steht wie jeder tatsächlich existierende Ort, den ich kenne. Nachdem ich mich in einen Zustand der Entspannung versetzt habe, beginnt die Reise in einem Vergnügungspark. Ich steige in ein Boot, um durch den Tunnel der Liebe zu fahren. Bei der Einfahrt in den Tunnel stößt das Boot leicht gegen die hölzernen Seitenbegrenzungen des Kanals, dann gleitet es in der Dunkelheit dahin. Das Boot fährt um eine unübersichtliche Biegung, und eine in die Wand des Tunnels eingelassene Szene leuchtet auf. Es handelt sich um eine Szene aus meinem Leben. Mein Vater steht im Hintergrund. Meine Mutter weint. Ein kleines Kind versucht, sie zu trösten. Ich erkenne das gesmokte Kleidchen des Kindes; meine Lieblingstante hat es für mich genäht. Ich betrachte die Szene wie eine Fremde, sehe mich selbst darin, und vielleicht sehe ich sie deshalb aus einem anderen Blickwinkel und lege sie anders aus als in der Vergangenheit.

Das Boot treibt weiter. Immer noch Dunkelheit. Eine erneute Biegung im Tunnel. Eine andere Szene leuchtet auf. Diese hat noch nicht stattgefunden, aber ich erkenne die Mitspieler. Ich sehe mich selbst, ich bin zornig. Ich wende mich ab. Ich gehe hinaus. So, sage ich zu mir, genau das werde ich tun. Ich werde die Tür hinter mir zuschlagen. Ein Teil von mir hat gewußt, daß es so enden wird. Jetzt aber weiß ich es bewußt, und das stärkt meinen Mut, die notwendigen Schritte zu unternehmen.

Das Boot gleitet aus dem Tunnel hinaus ins Sonnenlicht. Ich steige aus und klettere Stufe für Stufe eine funkelnde weiße Marmortreppe hinauf zu symmetrisch angelegten Gärten, die sich bis zu einem Horizont aus imposanten Pinien erstrecken. Ich schreite über Kieswege, vorbei an mit Rhododendron bewachsenen Wällen, wellenförmig auf- und absteigenden Pflanzungen mit Tulpen, üppigen Inseln mit rosa Kolkwitzia und Rosenbeeten; im Hintergrund all dieser blühenden Pflanzen leuchten Blätter in sämtlichen nur denkbaren Grüntönen, von einem fast Gelb erscheinenden Grün über reines Grün bis zu einem beinahe blau wirkenden Grün. Ich komme an einen Teich, knie nieder und lasse meine Hände in das Wasser gleiten. Ein goldener Karpfen nähert sich und ruht sich in meinen hohlen Händen aus. Ich murmle: »Ich halte dich mit offenen Händen.«

Ich stehe auf und gehe weiter und gelange zu einem in der Sonne leuchtenden weißen Marmortempel. Er hat keine Seitenwände, nur Säulen, und im langen, schrägen Schatten einer dieser Säulen liegen zwei Menschen ausgestreckt in Liegestühlen und plaudern höchst angeregt, kühle Drinks neben ihren Ellenbogen. Ich begrüße Virginia Woolf und Sigmund Freud und geselle mich zu ihnen, erzähle ihnen, was passiert ist, seitdem ich das letzte mal hier war, und lausche ihren ruhigen Erklärungen und Ratschlägen.

Ich schildere diese Reise mit einigem Vorbehalt, nicht nur, weil sie sehr persönlich ist, sondern auch, weil ich in meiner ersten Begeisterung über meine Erfahrung mit der damals neuen Silva-Mind-Control einem Freund diese Reise beschrieb, und er lachte und sagte: »Was hast du geraucht?« Er konnte kaum glauben, daß man nur mit Hilfe von Phantasie reisen kann und trotzdem alle Tassen im Schrank hat. Aber es stimmt. Die innere Reise bereichert das normale Leben und ermöglicht, weiser, erfüllter und bewußter zu leben.

Ob man Entspannung erreicht, indem man den Kopf freimacht, indem man den Geist auf eine Phantasiereise schickt oder indem man sich an einen Ort des Friedens versetzt, unabhängig von der Methode, beruhigt Meditation den Geist, stellt das ratata, ratata, ratata ab, das einem unaufhörlich durch den Kopf geht, wenn sich das Gehirn nicht auf eine Aufgabe konzentrieren muß. Ein unbeschäftigter Geist verhält sich wie ein Eichhörnchen, das auf einem Ast sitzt und unentwegt mit sich selbst schnattert, mit dem Unterschied, daß der Geist über das Selbst schnattert.

Pausenlos erzählen wir uns, wie wir sind und wie die Welt ist, und auf diese Weise sorgen wir dafür, daß weder die Welt noch wir selbst uns kaum oder gar nicht ändern. Wir verhalten uns, wie wir uns immer verhalten haben, weil wir uns sagen, daß dieses Verhalten richtig ist (oder die einzig mögliche, einzig akzeptable oder einzig vernünftige Art und Weise sich zu verhalten). Wir bleiben der Mensch, der wir immer gewesen sind, weil wir uns sagen, daß wir eben so sind. Wir treffen immer wieder die gleichen Entscheidungen, weil wir uns wieder und wieder mit den immer gleichen Informationen versorgen, uns wieder und wieder auf den Empfang der immer gleichen Botschaften einstellen. Wir rechtfertigen uns und verzerren die Welt mit unseren inneren Monologen. Nähern sich diese Monologe ihrem Schluß, gibt das Selbst den Schwarzen Peter ab (»Ich hatte recht, ich mußte so und nicht anders handeln. Es blieb mir nichts anderes übrig.«), und die Welt bekommt den Schwarzen Peter zugeteilt (»Bei mir geht immer alles schief. Ich kriege nie, was mir eigentlich zusteht.«).

Ein Verstand, der sich von einem anderen Verstand nicht leicht täuschen läßt, läßt sich bereitwillig und beständig von sich selbst täuschen, weil unser Denken unsere Gedanken bestätigt. Möchten wir die Dinge verstärkt so wahrnehmen, wie sie wirklich sind, und weniger, wie sie aus unserer Sicht sind, müssen wir den inneren Dialog anhalten, die Endlosschleife zum Stillstand bringen, den in sich geschlossenen Kreislauf unterbrechen. Das bewirkt Meditation. Sie bringt das Rationalisieren und Rechtfertigen des Selbst zum Schweigen, so daß wir ein wenig mehr über dieses wahre Selbst erfahren und mit ihm so in Einklang stehen können wie eine Katze von Sweet Williams ausgeglichenem Naturell.

Im Unterschied zu anderen Katzen begleitet Sweet William einen Menschen gerne auf Spaziergängen. Breche ich mit Charlie vor dem Frühstück zu unserer gewohnten Runde auf, einen knappen Kilometer die Straße am Fluß entlang und einen knappen Kilometer an den stillgelegten Bahngeleisen wieder zurück, trottet Sweet William hinter uns her. Er tapst so leichtfüßig, daß es aussieht, als hätte er kleine Sprungfedern in den Pfoten. Charlie läuft frei über die Felder und Wiesen, aber Sweet William bleibt auf der Straße und verläßt sie nur, wenn er ein Auto kommen hört. Er bemerkt ein herannahendes Fahrzeug vor mir und beeilt sich, allerdings mit Würde, im hohen Gras zu verschwinden, wo er sich sorgfältig versteckt, bis das Auto vorbei ist. Deshalb fällt er manchmal weit zurück, aber dann nimmt er eben eine Abkürzung durch ein Wäldchen, und wartet an unserem Wendepunkt auf uns, wenn wir zu den Gleisen abbiegen.

Eines Morgens trottete er ein Stück hinter mir her, Charlie war voraus gelaufen und streifte zwischen den Bäumen hin und her, durch das Gestrüpp am Ufer und watete im Fluß herum. Plötzlich, ohne jede Vorwarnung, brachen direkt neben mir drei Rehe durch das Dickicht, und zwar so nah, daß ich ihren heißen Atem an meiner Schulter spürte. Nackte Angst in den Augen jagten sie über die Straße, verfolgt von Charlie, und stürzten kopflos in den Wald. Mein erster Gedanke galt Sweet William. War er zertrampelt worden? Ich rief nach ihm. Ich tauchte in das Dickicht hinein. Ich rutschte im Morast des Ufers herum. Ich kletterte wieder auf die Straße zurück. Da saß er, in aller Ruhe das zerzauste Fell auf seinem Rücken glättend, wo ihn offensichtlich eines der Rehe gestreift hatte.

Sweet William macht kein unnötiges Aufhebens davon, daß er klein und verletzlich ist. Er macht kein unnötiges Aufhebens davon, daß er eine Katze ist. In Situationen, in denen sich eine andere Katze bedroht fühlen würde, macht er keinen Buckel, faucht nicht und peitscht auch nicht drohend mit dem Schwanz; er springt höchstens mal auf einen höhergelegenen Platz. Hunde sind ihm recht; gelegentlich kuschelt er sich zwischen Charlies Vorderpfoten und erhebt keine Einwände, wenn Charlie eine Pfote über ihn legt. Andere

Katzen sind ihm recht; er wehrt sich nicht, wenn sie ihren Kopf auf ihn betten oder ihn von seiner Futterschüssel wegschubsen. Menschen sind ihm recht; jeder, Fremder oder Freund, kann ihn hochnehmen und auf dem Arm halten. Er hat eine Begabung, die Welt so zu akzeptieren, wie er sie vorfindet, und sich selbst, wie er ist. Vielleicht dachte Mr. Van Vechten unter anderem an diese Eigenschaften, als er sagte, der Mensch täte gut daran, den Katzen nachzueifern.

Oft sehe ich Sweet William in sich gekehrt dasitzen, den Blick nach innen gerichtet, vollkommen mit sich und der Welt in Einklang. In welchem Maße trägt dieser Trancezustand zu seinem gelassenen Gemüt, seiner Ruhe und seiner freundlichen Akzeptanz von Umständen und Menschen bei? Ich werde es nie erfahren. Aber ich bin überzeugt: Auch wir müssen uns die Zeit nehmen, uns allein hinzusetzen, mit unserem Selbst in Berührung zu kommen, um dieses Leben in diesem Moment und an diesem Ort zu leben. Sonst wird das Leben an uns vorübergehen, während wir unsere Aufmerksamkeit auf etwas anderes konzentriert haben, und am Ende quält uns der Verdacht, wir seien nicht wirklich der Mensch gewesen, der wir hätten sein oder hätten nicht das Leben gelebt, das wir hätten leben können.

Kate

Meine erste Katze, Robert, wurde mir von einer Bekannten aufgehalst, die mit ihrem kleinen Sohn nach Philadelphia zog. Freiwillig hätte ich mir den Kater nicht ausgesucht, denn er hatte Storchenbeine und war infolge des Zusammenlebens mit einem extrem lebhaften kleinen Jungen reichlich hektisch. Er kratzte und biß, streifte unaufhörlich umher, schärfte seine Krallen an meinen Beinen und schaukelte an den Vorhängen. Am dritten Tag nach seinem Einzug, als ich bereits schwer bereute, daß ich mich hatte breitschlagen lassen, ihn bei mir aufzunehmen, stürzte der Kater in seinem kopflosen Herumgetobe in der Wohnung auf einen winzigen Balkon hinaus und sauste durch eine fehlende Latte im Geländer. Wie bei einer Katze in einem Zeichentrickfilm liefen seine Beine weiter, als er durch die Luft segelte und drei Stockwerke weiter unten landete. Im freien Lauf kam er auf dem Boden auf, sprang über einen hohen Bretterzaun und verschwand im undurchdringlichen Labyrinth der Hinterhöfe inmitten des Häuserblocks. Lebewohl und alles Gute, Robert, sagte ich und seufzte vor Erleichterung, dieses lästige Tier los zu sein.

Drei Abende später, in einer eiskalten Januarnacht, lief ich zum Laden an der Ecke, um einen Liter Milch zu kaufen, und auf meinem Hinweg den Häuserblock entlang miaute eine auf einer Mülltonne sitzende Katze. Im diffusen Licht der Straßenlampe sah ich sie mir genauer an. Es war mein Missetäter. »Du lebst noch, was? Gut, sieh zu, daß du weiter überlebst, deine Chance hast du gehabt.«

Auf dem Rückweg ging ich auf der anderen Straßenseite, aber er entdeckte mich, sprang von der Tonne und kam zu mir gelaufen. Er schlüpfte durch die Eingangstür, nahm drei, vier Stufen auf einmal, und als ich die Wohnungstür aufschloß, flitzte er hinein und sprang, verzweifelt nach einem Schluck Wasser lechzend, auf die Spüle. Schmutzig, zerzaust und halbverhungert, hatte sich der Kater gegen das Leben auf der Straße entschieden. Wie Saulus auf dem Weg nach Damaskus muß er durch seine Erfahrungen bekehrt worden sein, denn von diesem Moment an war er wie umgewandelt. Er wurde zum Inbegriff des manierlichen, gesetzten und zuvorkommenden, würdevollen Katers, so würdevoll, daß ich ihm eine Fliege kaufte, die ich ihm an sein Halsband klammerte, und die er jedesmal, wenn er gefressen hatte, sorgfältig säuberte.

Mit zunehmendem Alter und Gewicht und gewissenhafter Katzenpflege wurde Robert richtig hübsch, aber an seinem dünnen, knochigen Schwanz ließ sich nichts ändern, und als er gestorben war, wünschte ich mir als Nachfolgerin eine Langhaarkatze mit buschigem Schwanz. Ich ging in jedes Tierheim der Stadt, und obwohl ich damals kein Geld hatte, sogar zu einigen der teuren Züchter, aber keine Katze, die ich sah, sagte mir auf Anhieb zu. Eines Sonntags lud mich meine Tante Bird, die an der Küste in Jersey wohnte und von meiner Suche wußte, zum Essen ein und schlug vor, im örtlichen Tierheim zu schauen, was sie dort an Katzen hatten.

Wir gingen an den Reihen mit den Käfigen vorbei, sahen Katzen in allen Farben, jeden Alters und jeden nur erdenklichen Typs, aber ich fühlte mich spontan zu keiner bestimmten hingezogen. Am Ende des Ganges traten wir durch eine Seitentür hinaus und dort, in einem Käfig, der ganz allein für sich stand, saß eine halbausgewachsene Katze zusammen mit einem Garnknäuel von einem Kätzchen. Die halbausgewachsene Katze war nichts Besonderes, aber das Kätzchen...!

Das Gesicht des Kätzchens war in der Mitte geteilt, eine Hälfte hatte die Farbe von Kaffee-Eiscreme, die andere Hälfte die Farbe von dunklem Schokoladenkuchen. Das restliche Fell war schattiert vom hellsten Blond über Rostrot bis zum üppigsten Mahagoni, so mannigfaltig und raffiniert gezeichnet wie die marmorierten Vorsatzblätter eines alten, kostbaren Buches. In meinen Augen war sie das schönste Tier, das ich je gesehen hatte – bis auf ihren Rattenschwanz.

Gelänge es mir, darüber hinwegzusehen? Um des außergewöhnlichen, in zwei Farben geteilten Gesichtes willen, ja. Ich ging in das Büro, um zu fragen, ob das Kätzchen zu haben sei. War es nicht. Der Leiter des Tierheims wollte es selbst behalten. »Sind Sie sicher?« fragte ich. »Würden Sie das bitte überprüfen?« Ein Anruf wurde getätigt, und die Antwort lautete: Müsse es wirklich unbedingt dieses bestimmte Kätzchen sein, und sei ich bereit, drei Dollar für das Tier zu bezahlen (es ist eine ganze Weile her)? Dann könne ich es mitnehmen. Ich kehrte zum Käfig zurück und öffnete die Tür.

»Zuerst, meine Schöne, müssen wir mal sehen, ob du mich magst.« Ich hob das Kätzchen aus dem Käfig und erwartete ein rollendes Schnurren. Statt dessen bog das Kätzchen den Kopf nach hinten und betrachtete mein Gesicht mit der Miene einer kritisch äugenden Eule. Gerade als es den Anschein hatte, ich würde die Musterung nicht bestehen, streckte sich eine kleine Pfote aus und tatschte auf meine Nase.

Ich bezahlte die drei Dollar für die kleine Katze und nannte sie Kate. Auf dem Heimweg, während sie vollkommen entspannt auf meinem Schoß liegend im Auto fuhr, kraulte ich sie leicht hinter den Ohren, und da drehte sie den Kopf und senkte ihre kleinen, nadelspitzen Zähne in meine Hand. Ohne Vorwarnung. Ohne Grund. Ich war bestürzt. Was bewog das Kätzchen, die Hand zu beißen, die sich erbötig gemacht hatte, es für den Rest seines Lebens zu füttern?

Ich mußte bald feststellen, daß sie so programmiert war. Nie, nicht ein einziges Mal in den zwanzig Jahren, die wir zusammen waren, fuhr Kate die Krallen aus. Nicht ein einziges Mal hat sie mich gekratzt. Aber sobald ihr etwas mißfiel, sobald sie entschied, es sei nun genug, von was auch immer – Streicheln, Kämmen, Krallenschneiden, Untersuchung beim Tierarzt –, suchten ihre Zähne das nächst erreichbare Stückchen Fleisch. Fast immer ließ sie die Zähne zur Warnung nur leicht spüren, damit man aufhörte mit dem, was man gerade tat, aber manchmal, wenn auch sehr selten, biß sie ernsthaft zu. Ich schimpfte. Ich schrie. Ich gab ihr einen Klaps, manchmal sogar mit ziemlicher Rage, aber nichts brachte Kate von dieser Angewohnheit ab.

Obwohl mich dieser eine Punkt in ihrem Verhalten aufbrachte, liebte ich diese Katze bald vorbehaltlos. Sie war mehr sie selbst als jedes andere Tier oder jeder Mensch, den ich kannte. Ihre Lebendigkeit, die nachdrückliche Verteidigung ihrer Grenzen, ihr perfektes Gespür dafür, wer und was sie war, forderten mir Respekt ab. Sie schien weniger eine Abhängige denn eine Gleichberechtigte zu sein. Ich fand sie bewundernswert, kompliziert und unendlich liebenswert. Eine Katze wie Sweet William mit ausgeglichenem Naturell um sich zu haben, ist eine Freude, aber mit einer Katze wie Kate, die einen eigenen Kopf hat und auf gleichem Fuß mit einem verkehrt, reicht die Verbindung tiefer und ist vielschichtiger.

Als ich auf dem College war, verabredete ich mich mit einem mir unbekannten jungen Mann aus Dartmouth, der, wie sich herausstellte, nicht nur attraktiv, sondern obendrein brillant, geistreich und lebhaft war und nur so vor neuen Ideen sprühte. Ich war wie geblendet. Den ganzen Abend hing ich gebannt an seinen Lippen, gab ihm in allem, was er sagte, recht und vergötterte ihn in jeder Hinsicht. Möglich, daß ich ihm sogar gesagt habe, wie wundervoll ich ihn fände. Die erste Verabredung war gleichzeitig unsere letzte; ich sah ihn nie wieder.

Ich war auf weibliches Verhalten konditioniert, das hieß damals, in Gegenwart eines Mannes sich selbst zurückzunehmen, ihn zu bestärken und zu bewundern. Ich mußte erst älter und klüger werden, bevor mir klar wurde, wie rasch unkritische Huldigungen anöden. Ein widerspruchsvoller Geist fesselt die Aufmerksamkeit, eine eigenwillige Persönlichkeit ist ein anderes autonomes Wesen, mit dem man sich messen kann. Ein ebenbürtiger Partner muß auch ein ebenbürtiger Gegner sein. Ein Mensch, der etwas taugt, schätzt die Herausforderung durch jemanden, der ihm ebenbürtig ist. Irgendwo habe ich gelesen, daß sich die Herzogin von Windsor dessen wohl bewußt war. Als der König bei einem Diner das erste Mal das Wort an sie richtete, fragte er höflich, was sie als Amerikanerin von England halte. Sie antwortete, sie habe nicht erwartet, daß der König ihr eine derart banale Frage stellen würde, und kehrte ihm den Rücken. Damit hatte sie sofort die Aufmerksamkeit dieses Mannes gefesselt, der gewohnt war, daß die Leute um ihn herumscharwenzelten. Das war der Beginn ihrer Liebesgeschichte.

An jenem ersten Tag, als Kate Einzug in mein Leben hielt, wurde die unangenehme Überraschung, die mir ihre Beißerei bereitet hatte, mehr als wettgemacht von einer höchst angenehmen. Es war mir wider Erwarten doch nicht bestimmt, noch eine Katze mit Rattenschwanz zu haben. Offenbar war ihr Schwanz naß gewesen, weil ihre Käfiggenossin beim Spielen darauf herumgekaut hatte, und als er trocknete, versprach er, zu eben der prachtvollen, wallenden buschigen Bürste zu werden, die ich mir gewünscht hatte.

Als es Zeit wurde, mit dem Zug nach Hause in die Stadt zurückzufahren, rollte ich Kates Schwanz um ihren Körper und steckte sie in meine Manteltasche. Sie reiste mit der Bahn, ohne ein lautes Miau oder ein Fiepen von sich zu geben, ohne einen Versuch zu machen, sich herauszuwinden, ohne ein Anzeichen von

Angst, und das blieb charakteristisch für sie. In gar nicht katzentypischer Manier ließ sich Kate von nichts und niemandem einen Schrecken einjagen. Kein Geräusch, keine Menschenmenge, kein fremder Ort, kein fahrendes Fahrzeug versetzte sie in Panik. Ihr selbstbewußtes Auftreten wurde durch nichts erschüttert. Als sie größer wurde, trug ich sie, mit dem Gesicht nach hinten und gestützt auf meinen angewinkelten Arm, auf meiner Schulter. So kam sie überallhin mit, durch die Straßen der Stadt, auf Bahnfahrten, in die Häuser von Fremden, und die ganze Zeit betrachtete sie lediglich interessiert den Tumult um sich herum. So wie sie die liebevollste Katze war, die man sich nur denken konnte, weil sie sich stark genug fühlte, sich gegen jeglichen Übergriff auf ihre Autonomie zu wehren, war sie vielleicht auch die am wenigsten schüchterne, denn sie hielt sich für absolut imstande, auf sich selbst aufzupassen.

Oft fragten mich Passanten wegen ihres terrakottafarben changierenden Fells, ihres buschigen Schwanzes und ihres außergewöhnlichen Gesichts, ob das ein Waschbär sei, und wenn ich antwortete, es sei eine Katze, fragten sie nach der Rasse. Anstatt zuzugeben, daß ich keine Ahnung hatte, antwortete ich, es handele sich um eine aspanische Katze, eine Ableitung zu Ehren ihrer Herkunft von der ASPCA (American Society for Prevention of Cruelty to Animals). Die Leute ließen das Wort so liebevoll auf der Zunge zergehen und nickten voller Befriedigung, ihrem Vorrat an Wissen etwas Neues hinzugefügt zu haben, daß ich an dieser Phantasiebezeichnung sogar dann noch festhielt, nachdem ich Kates Ebenbild in einem Katzenbuch entdeckt und sie als Schildpattperserkatze identifiziert hatte.

Die zweite Frage der Passanten lautete unweigerlich, ob man sie streicheln dürfe, und die Antwort hieß leider, nein, sie könne vielleicht beißen. Das sagen zu müssen, schmerzte mich, denn es klang, als sei Kate bösartig, wo sie doch in Wahrheit das anhänglichste Wesen war, das man sich vorstellen konnte. Aber nur im Hinblick auf mich. Kate war eine absolut auf eine Person bezogene Katze, und was das anging, so treu wie nur irgendein Hund.

Kate und ich waren noch nicht lange zusammen, da sah ich ein Stück von Samuel Beckett, in dem ein Darsteller in Abständen immer wieder aus einer Mülltonne heraussprang und fragte: »Ist es Zeit zu lieben?« Das wurde ein Schlüsselsatz für Kate und mich. War das Kätzchen müde vom Herumtollen in der Wohnung, von der Jagd nach knisternden Zellophanbällchen und Katzenminzemäusen, stellte es sich neben meinem Schreibtisch und miaute. »Ist es Zeit zu lieben, Kate?« fragte ich dann, hob sie hoch, und sie gurrte bestätigend. »Gut, dann küß mich, Kate«, sagte ich, drehte sie um und blies mit meinem warmen Atem über ihr Bäuchlein, und sie streckte die Pfoten und tätschelte meine Wangen mit einem cremefarbenen und einem schokoladenfarbenen Tätzchen.

So wie Kate im Unterschied zu anderen Katzen keinen Gebrauch von ihren Krallen machte, schnurrte sie auch nicht wie andere Katzen, sondern gab kehlige Laute von sich. Vor kurzem las ich folgendes: »Katzen können bis zu fünfzig Laute erzeugen, die für andere Katzen als verständliche Botschaften mit exakten Bedeutungen unterscheidbar sind.« Dem möchte ich hinzufügen, nicht nur für andere Katzen sind die Bedeutungen exakt unterscheidbar, sondern auch für die Bezugsperson der Katze. Kate konnte mir unmißverständlich Anweisung geben, eine Tür zu öffnen, das Katzenklo zu säubern oder den Wasserhahn im Badezimmer aufzudrehen, damit sie mit den Tropfen spielen konnte, und sie konnte mich aufgeregt herbeirufen, um mir eine Taube zu zeigen, die auf das gegenüberliegende Dach geflogen war. Eines Tages rief sie mich wieder, und ich stellte mich neben sie an das Fenster.

»Wo, Kate?« fragte ich. »Ich sehe keine Taube.« Sie sah mich an, sprach ihren Laut für Taube und schaute wieder aus dem Fenster. Ich folgte ihrem Blick, und da, hoch oben am Himmel, flog ein Flugzeug. »Du hast recht, Kate«, pflichtete ich ihr bei. »Wenn es fliegt, muß es ein Vogel sein.«

Einmal, als ich sie mit zu einem Wochenendbesuch genommen hatte und mich in der Küche des Bauernhauses mit meiner Gastgeberin unterhielt, spazierte Kate, gerade dem Kätzchenalter entwachsen, herein und sprach zu mir. »Was ist, Kate?« fragte ich geistesabwesend. »Soll ich dich hochheben?« Sie bestätigte es. »Na gut, mach Männchen«, sagte ich zu ihr, und sie setzte sich auf ihr Hinterteil und hob die Vorderbeine wie ein Kind, das die Arme ausstreckt, um hochgehoben zu werden. Und tatsächlich: »Sie benimmt sich genau wie eine Zweijährige«, wunderte sich meine Gastgeberin.

Ungefähr um diese Zeit herum kaufte ich mein erstes Auto, einen kleinen roten Volkswagen. Die paar Mal, die Robert in einem Auto mitgefahren war, hatte er unentwegt geschrien, und ich fürchtete, mit Kate könne sich das wiederholen. Ich hatte die unerschrockene Kate unterschätzt. Es stellte sich heraus, daß sie sehr gerne reise. Je länger die Reise, desto besser gefiel sie ihr. Auf Fahrten nach Florida zu Familienbesuchen zeigte sie eine klare Vorliebe für Howard-Johnson-Motels, und ich fragte mich, ob es daran lag, daß der Grundriß und die Einrichtung der Zimmer in allen diesen Motels fast ausnahmslos gleich war. Dachte sie, wir seien einfach den ganzen Tag in der Gegend herumgefahren und kehrten jeden Abend in das gleiche Zimmer zurück? In jedem Fall ging sie, die Leine hinter sich herziehend, durch die Tür, benutzte ihr Katzenklo, nahm einen ausgiebigen Schluck Wasser, aß ihren Thunfisch (ich weiß, Thunfisch ist nicht gut für Katzen, aber Kate fraß kein anderes Dosenfutter – es mußte Thunfisch sein, es mußte die Marke Figaro sein, es mußte die große Dose sein, nicht die kleine – und Kate wurde zwanzig Jahre alt), anschließend ließ sie sich mitten auf einem Sessel nieder, zog ordentlich die Pfoten unter ihren Körper und fühlte sich völlig zu Hause.

Am Morgen, nach dem Frühstück und den sonstigen morgendlichen Verrichtungen, kehrte sie auf den Sessel zurück und sah mir beim Packen zu. Eines Tages war sie vom Sessel verschwunden, und ich geriet ein wenig in Panik, bis ich merkte, daß sie von allein zum Wagen gegangen und hineingesprungen war und bereits auf ihrem gewohnten Platz oben auf einem Koffer saß.

Von da an trug ich sie nicht mehr, sondern sagte nur: »Wir sind da, Kate«, oder »Zeit zu gehen, Kate«, und ließ sie allein vom Wagen ins Zimmer und wieder zurück gehen. Lag das uns zugewiesene Zimmer im oberen Stockwerk, dirigierte ich sie zur Treppe. Sie glitt hinauf, ging oben den Flur entlang, zögerte vor jeder Tür, als spielten wir Reise nach Jerusalem, bis ich den Schlüssel ins Loch steckte, und sie wußte, nun waren wir vor der richtigen angelangt.

Eines Nachts in einem Motel weckten mich ihre Schreie, die von sonderbar weither zu kommen schienen. Ich machte das Licht an und durchsuchte das Zimmer und sprach dabei ständig mit ihr, damit sie

Antwort gab und ich feststellen konnte, woher ihre Stimme kam. Sie schien von unter dem Boden zu kommen. Endlich kroch ich unter das Bett und entdeckte ein quadratisches, gut dreißig Zentimeter großes Loch in den Dielen. O je, dachte ich, muß ich den Motelbesitzer etwa bitten, den Fußboden aufzureißen? Ich steckte den Kopf in das Loch, stellte Frage um Frage, denn ein fragender Unterton in meiner Stimme veranlaßte sie stets zu prompter Antwort, und schließlich sang ich ihr Lieblingslied. Beim achten Refrain fand sie den Rückweg durch das Labyrinth, und ich griff hinunter und zog sie heraus.

In einer eisigen Nacht an einer Tankstelle in Virginia befand sich nur das letzte Stückchen ihrer Leine zwischen mir und einem Nimmerwiedersehen mit Kate. Es war lange über unsere übliche Haltezeit hinaus, und sie war ungeduldig, weil sie als einzige im Laufe des Tages nicht in den Genuß eines Boxenstops gekommen war, und als ich das Fenster herunterkurbelte, um das Benzin zu bezahlen, sprang sie hinaus. Aufgeschreckt von den Lichtern und den Menschen wollte sie eben über eine Schneewehe in die Dunkelheit verschwinden, als ich mich der Länge nach hinausstürzte und gerade noch das Ende ihrer Leine erwischte.

Das war meines Wissens das einzige Mal, daß Kate in Panik geriet, und selbst da schoß sie nicht wie eine Wilde los, sondern eilte lediglich flink in sicherere Gefilde. Ich habe gesehen, wie sie vor einem Pferd stand und sich lediglich auf den Hintern setzte und dieses ungewöhnliche Wesen prüfend betrachtete. Ich habe sie faulenzend auf einer Steinmauer liegen und lediglich mit dem Schwanz zucken sehen, als ein Maulwurf darunter hervorkam. Ich habe erlebt, daß sie an ihrer Leine aus dem Autofenster hing, als ich von der Besichtigung einer Unterkunft für eine mögliche Übernachtung zurückkam. Sie schüttelte sich lediglich, nachdem ich sie aus dieser Lage befreit hatte.

Kate war unerschrocken. In ihrer Begeisterung für das Reisen und ihrer mühelosen Anpassungsfähigkeit an sämtliche Gegebenheiten, erinnerte sie mich an jene respektgebietenden englischen Damen des neunzehnten Jahrhunderts, die in den Nahen Osten reisten und sich Wüstenkarawanen anschlossen, die sich auf Handelsrouten nach Fernost begaben und sich in Männerkleidung nach Tibet hineinschmuggelten. Diese Frauen – und Kate – besaßen ein Höchstmaß an Selbstvertrauen.

Kate hatte nichts Weiches, Schüchternes oder Kompromißlerisches an sich. Ihr festes, kühnes Wesen hielt alle, Mensch und Tier, davon ab, sie jemals mit Geringschätzung zu behandeln. Hector, der Golden Retriever, der zu uns kam, als Kate ungefähr vier war (woraufhin ich den Volkswagen gegen einen Kombi austauschen mußte), hatte größten Respekt vor ihr, obwohl sie ihn meines Wissens höchstens mal mit einem strengen Blick diszipliniert hat. Der Blick genügte. Manchmal schaute ich, wenn wir Auto fuhren, nach hinten und sah den großen Hund sich aufrecht in eine Ecke drücken, während sich Kate in voller Größe auf dem eigentlich für ihn gedachten Platz räkelte. Nicht das, was Kate tat, verlieh ihr Autorität. Es war eine Sache der »Präsenz«.

Kate hatte Präsenz. Schauspieler haben sie, die einen mehr, die anderen weniger. Die Großen betreten die Bühne und sofort gehört sie ihnen; sie ergreifen förmlich Besitz vom Raum und ziehen sämtliche Aufmerksamkeit auf sich. Allgemein wird angenommen, diese Eigenschaft sei angeboren, aber in einem Interview mit der New York Times sagte die Schauspielerin Rosemary Harris, Präsenz zu haben könne man lernen, es hänge mit der Körperhaltung und dem Auftreten zusammen. Laurence Olivier, sagte sie weiter, habe sich, damit er Präsenz erlange, beim Betreten der Bühne stets vorgestellt, er trage einen großen grünen Regenschirm, der die geballte Aufmerksamkeit auf sich lenke, so daß sich aller Augen automatisch auf ihn richteten, und Julie Harris stelle sich beim Auftritt vor, sie reite auf einem rosa Elefanten.

Zumindest oberflächlich betrachtet verkörpern wir das von uns nach außen vermittelte Bild, sei es das eines verletzbaren, unglücklichen, leicht zu unterdrückenden Menschen, das eines zornigen, abwehrbereiten Menschen oder eines starken, selbstbewußten Menschen. Warum sich nicht für das Bestmögliche entscheiden? Warum nicht auftreten, als trüge man einen grünen Regenschirm oder reite auf einem rosa Elefanten, und damit Präsenz demonstrieren?

Mögen Selbstsicherheit, Selbstbewußtsein und Selbstachtung über lange Zeit auch nur gespielt sein, künstlich unterstützt von grünen Regenschirmen und rosa Elefanten, das Verkörpern dieser Eigenschaften nach außen hin ist ausschlaggebend dafür, wie man uns einschätzt. Die Bühnenautorin Lorraine Hansberry sagte einmal über ihren Vater, er »trug seinen Kopf auf eine Art und Weise, daß ich mir absolut sicher war, es gäbe nichts, wovor er Angst hätte«. Die volltönende Stimme eines meiner Bekannten garantiert ihm Aufmerksamkeit, die anmutige Haltung einer Freundin sorgt dafür, daß man sie mit Achtung behandelt. Von einem Mann sagen wir, er sei eine noble Erscheinung, von einer Frau, sie verhalte sich majestätisch. Wer weiß schon, wie es in ihrem Innern aussieht? Möglich, daß sie innerlich zittern und beben wie Wackelpudding, doch äußerlich sieht man nur die Noblesse, das Hoheitsvolle, reagiert darauf, als entspräche dieses Bild der Realität und gibt das entsprechende Feedback, das wiederum die betreffende Person in der Entwicklung eben dieser Eigenschaften unterstützt. Das, was fälschlicherweise als Realität betrachtet wird, wird zur Realität. Da die anderen auf diesen Menschen reagieren, als besitze er »Präsenz«, wird die »Präsenz« zunehmend zu einem charakteristischen Kennzeichen des Betreffenden.

Kate war immer sie selbst, nicht mein Spielzeug, mein Besitz oder Schoßtier. Da dies mehr oder weniger auf alle Katzen zutrifft, denke ich manchmal, mit einer Katze zu leben, sei eine Lehre im Teilen von Macht. Eine Katze ist ein derart autonomes Wesen, daß man ihr nicht seinen Willen aufzwingen kann. Man muß die Existenz zweier Individuen anerkennen und beiden das Recht auf Eigenleben zugestehen. Die Beziehung Katze und Mensch scheint mir ein Paradigma für eine Ehe, ebenso für Freundschaft: Zwei unabhängige Wesen koexistieren, bestätigen einander und sind einander Freude, Rückhalt und Trost, aber keiner von beiden übt Macht oder Zwang über den anderen aus, um geliebt zu werden. Die Beziehung Mensch und Hund ist im Unterschied dazu überwiegend ein Modell dafür, wie eine Beziehung nicht sein sollte: »Ich sorge für dich, schütze und behüte dich, dafür unterwirfst du dich meinem Willen.« Ein Hund hat einen Herrn; eine Katze lebt mit einem Menschen. Es ist kein Zufall, daß wir von Hundebesitzern, aber Katzenliebhabern sprechen.

Aber sogar eine Katze kann umgepolt werden. Polly, die ich bereits im Zusammenhang mit Socksie erwähnte, hatte einen Kater, den sie Waifer nannte, weil er, als er als Kätzchen zu ihr kam, mit seinen riesengroßen Augen an ein verirrtes Waisenkind erinnerte. Er wuchs zu einem gemusterten Kater von außergewöhnlicher Intelligenz heran, mit immer noch diesen riesengroßen Augen, Augen, die darauf dressiert waren, Polly so gut wie nie aus dem Blick zu verlieren. Polly war Quartalsäuferin, wochenlang trocken, dann wieder tagelang betrunken. So unglaublich es klingen mag, Waifer hatte den gleichen Blick wie ein Kind, das seine Eltern ängstlich im Auge behält, um nach Anzeichen zu forschen, ob die Trinkerei bereits angefangen hat oder ob demnächst damit gerechnet werden muß. So betrunken Polly auch sein mochte, sie schaffte es immer, einmal am Tag eine Dose Futter für Waifer aufzumachen, es war also nicht so, daß sich der Kater Sorgen um seine nächste Mahlzeit machen mußte. Er sorgte sich um sie. Sank Polly besinnungslos zusammen, saß er dicht neben ihrem Kopf, die Augen unverwandt auf ihr Gesicht gerichtet, und kam ein Freund oder eine Freundin vorbei, um ihr ein Ei zu kochen, denn etwas anderes nahm sie in diesem Zustand nicht zu sich, lief er dem Besucher an die Tür entgegen und maunzte drängend, machte kehrt und führte ihn zu der Stelle, an der Polly lag. Seine Besorgnis war unmißverständlich.

Die Ergebenheit des Katers war rührend mitanzusehen. Aber das Traurige daran war, daß sich Waifer nicht mehr seinem natürlichen Wesen gemäß verhielt. Unabhängigkeit, Selbstbewußtsein, das ist der wahre Kern der Katzennatur, aber Polly untergrub Waifers Eigenständigkeit. Mit überlegener Stärke hätte sie Waifer nicht dominieren können, mit ihrer Schwäche schaffte sie es spielend. Sie band ihn durch Angst an sich, nicht durch Sorge um ihn, sondern durch Angst um sie, und das erzeugt häufig die wirksamste Form von Sklaverei, die es gibt.

Ich glaube, wir alle sind uns der Gefahr bewußt, daß uns eine stärkere Persönlichkeit unterdrücken kann, bekommen aber weit seltener mit, wenn Schwäche oder Hilflosigkeit eingesetzt wird, um Dominanz zu erlangen. Wird einem das entsprechende Verhalten von außen befohlen, ist die Sache wenigstens eindeutig. Von jemandem unausgesprochen veranlaßt zu werden, sich selbst aus Mitleid, Sorge oder Selbstlosigkeit aufzuopfern, ist weit subtiler.

Sie opfern Ihre Kraft, um den anderen zu stützen oder ihm beizustehen. Sie versuchen alles zu unterlassen, was Ärger oder Provokation hervorrufen könnte. Tun alles, damit der Friede gewahrt, der Betreffende im Gleichgewicht bleibt. Aber letztendlich geht das alles auf Ihre Kosten. Sie haben damit das Recht, Sie selbst zu sein, verloren.

Das Motiv ist Liebe, lautstark gepriesen als das höchste aller Güter, doch das stimmt nicht, nicht, wenn es bedeutet, daß Sie Ihre Persönlichkeit für die Belange eines anderen aufgeben. Positiv ist die Liebe zweier vollständiger Persönlichkeiten, die beide, jede für sich, die Verantwortung für das eigene Leben tragen. Das macht eine glückliche Liebe aus, denn wie Dorothy Sayers ganz richtig bemerkte: »Liebe muß glücklich sein, Liebe aus Angst würde lebensbestimmend werden.«

Für Waifer war die Liebe unglücklich und deshalb lebensbestimmend, für ihn drehte sich alles darum. Für Kate war die Liebe glücklich und folglich so selbstverständlich wie der Boden, über den sie ging, und die Luft, die sie atmete. Mehrmals am Tag verkündete sie, es sei Zeit zu lieben, und streckte ihre Vorderpfoten nach mir aus, damit ich sie hochnahm und mit dem Bauch nach oben auf den Armen hielt, so daß sie mit ihren weichen Pfoten mein Gesicht tätscheln konnte. Sie war die einzige Katze, die ich kannte, die mit Vorliebe häufig auf dem Rücken lag, wie eine Odaliske gegen die Kissen auf der Couch gelehnt. Ich neckte sie, sie täte es, um ihre persischen Höschen zu lüften, und soviel ich weiß, war das auch der Grund, denn das Fell an ihren Hinterbeinen war besonders lang und üppig.

Wie eine wunderschöne Frau, die sich keine Gedanken darüber machen muß, ob ihre Frisur in Ordnung oder ob ihr Lippenstift makellos ist, achtete Kate nicht auf ihr Äußeres. Einmal hier kurz geleckt, einmal da kurz geleckt, und die Wascherei war für sie erledigt. Wann immer ich zu dem Schluß gelangte, sie betreibe ihre persönliche Hygiene ein wenig zu beiläufig, steckte ich sie zum Baden in ein Einkaufsnetz, machte sie in der Spüle mit dem Sprühschlauch naß und shampoonierte sie durch das Netz. Nie erweckte sie auch nur im geringsten den Eindruck, als habe sie etwas dagegen. Sie mochte Wasser recht gern. Oft lag sie zusammengerollt im Waschbecken im Badezimmer, denn sie schien der Meinung, es habe gerade die richtige Form für ein Katzenbett, und döste, während aus dem Hahn Wasser auf sie tröpfelte.

Nach Abschluß eines Buches, das ich geschrieben hatte, kaufte ich Go Well, damals ein Pächterhaus mit vier Zimmern im fortgeschrittenem Stadium des Ver-

falls, so daß das Buch nicht unbedingt ein großer Erfolg zu werden brauchte, damit ich mir das Haus leisten konnte. Dieser Traum eines jeden Heimwerkers war von Giftsumachranken überzogen, die sich seiner so gierig bemächtigt hatten, daß sie durch die Schindeln in die Zimmer eingedrungen waren. Sie hatten die Vorderveranda verzogen, so daß sie zur Mitte hin entmutigend durchhing. Aber Kate, Hector und mich störte das alles nicht, wir hatten uns in den neben dem Haus vorbeiströmenden Fluß verliebt.

Hector, ein Golden Retriever und damit ein Wasserliebhaber, schwamm im Fluß, watete in den seichten Stellen herum und holte Stöckchen heraus, so oft es ihm gelang, jemanden dazu zu animieren, sie für ihn in die Strömung zu werfen. Kate war eher vorsichtig und setzte sich auf ihren Lieblingsstein am Flußufer, ließ aber ihren prachtvollen Schwanz ins Wasser hängen. An sehr heißen Tagen sprang sie auf den Überresten eines uralten, ehemaligen Dammes nahe der Brücke von Stein zu Stein und gesellte sich zu Hector in die Mitte des Flusses, und da standen die beiden nebeneinander, die Vorderpfoten im rasch dahinströmenden, kühlenden Wasser. Nicht oft, aber doch ab und zu, wollte sie mit auf mein Gummifloß, und wieder ließ sie ihren Schwanz ins Wasser hängen, während wir durch die Strömung fuhren. Einmal kenterten wir. Als ich nach oben kam und nach ihr greifen wollte, schwamm sie bereits Richtung Land. Ohne erkennbare Eile kletterte sie ans Ufer, schüttelte sich und spazierte unbekümmert davon, um sich in die Sonne zu setzen.

Dergestalt verlief Kates glückliches Leben, als aus ihrer Sicht die Katastrophe hereinbrach. Das war die Ankunft von Boston, dem Mickerling aus dem Wurf der vier Findelkätzchen, dem ich eine Vorzugsbehandlung hatte angedeihen lassen. Nachdem Kate den Korb mit den Kätzchen zur Kenntnis genommen hatte, schenkte sie ihnen keine weitere Beachtung mehr, doch dann zogen drei der Kätzchen in ein neues Zuhause und nur Boston blieb zurück. Der enge Kontakt, mit dem ich Boston

aufgezogen hatte, hatte ihn nicht nur in das gescheiteste, liebenswerteste und anhänglichste Kätzchen verwandelt, das man sich vorstellen kann, sondern in mir ein tiefes Empfinden für jedes bißchen Liebe geweckt, das ich ihm schenkte. Kate hatte stets so unabhängig gewirkt, so selbständig und sicher, daß ich mir nie Gedanken gemacht hatte, welche Auswirkungen meine begeistert ausgelebte Beziehung zu Boston auf sie haben könnte, und als ich schließlich merkte, daß sie vor Eifersucht raste, war es zu spät.

Ich versuchte, den Schaden wiedergutzumachen, aber sie wurde starr vor Wut, wenn ich sie hochhob. Sie kreischte und knurrte, fauchte und spuckte – auf mich, auf Boston, auf alle, die sich ihr näherten. Gäste fürchteten sie, und sogar ich hatte Angst, mit ihr umzugehen. Jetzt war nie mehr Zeit für Liebe, nie mehr Zeit, auf meinen Schoß zu springen, sich auf den Rücken zu legen und mein Gesicht mit einer hellen und einer braunen Pfote zu tätscheln, nie mehr Zeit zum Floßfahren, sich neben mir auf dem Bett einzurollen oder mit fröhlichen Rufen nach mir zu schauen. Sie wurde niederträchtig und bösartig. Als ich eines Tages in New York mit ihr auf der Schulter den Wagen aus der Garage holen wollte, fletschte sie die Zähne und funkelte mich derart grimmig an, daß ich fürchtete, sie würde mich in die Wange beißen. Ich riß sie von der Schulter und fixierte ihre Vorderbeine. Als wir auf dem Land ankamen, war sie immer noch dermaßen außer sich, knurrte und fauchte so wild, daß ich sie in der Küche in die Spüle warf und den Kaltwasserhahn voll aufdrehte, um sie wieder zu Verstand zu bringen.

Wer hätte sich träumen lassen, daß sich ein Tier so heftig und so hartnäckig grämen kann? Ich verstand, was Kate durchmachte, denn ich konnte mich an ein ähnliches Erlebnis in meiner Kindheit erinnern. Ich war damals ungefähr sechs oder sieben, und wir verbrachten zusammen mit einer Kusine meiner Mutter und ihrem Sohn, der in meinem Alter war, zwei Wochen Ferien an der Küste. Es endete damit, daß sich meine Eltern in den sommersprossigen Jungen verliebt hatten, und es wurde viel darüber geredet, ihn mit nach Hause zu nehmen, damit er bei uns wohnte. Ob das Gerede ernst gemeint oder ob es nur Spaß gewesen war, weiß ich bis heute nicht, aber ich, ein Einzelkind, wand mich vor quälender Eifersucht. Ich kann mich nicht erinnern, mich je elender gefühlt zu haben – oder isolierter und unerwünschter. Meine Sicherheit war zerstört. Jede Nacht weinte ich mich in den Schlaf.

Es war also nicht so, daß ich nicht mit Kate fühlte und ihren Schmerz nicht verstanden hätte, aber ich fühlte mich hilflos, ich konnte nichts dagegen tun. Mir ging es wie einem Partner in einer guten, liebevollen, befriedigenden Ehe, der sich plötzlich, ohne es im mindesten zu wollen oder zu wünschen, rettungslos in einen jüngeren Menschen verliebt. Ich wollte Kates Welt und mit ihr einen Teil meiner Welt nicht kaputtmachen. Ich liebte und bewunderte sie und wußte sehr wohl zu schätzen, was wir aneinander hatten. Aber ich konnte Boston nicht aufgeben.

Diese von Eifersucht geplagte Katze erleben zu müssen, brachte mir lediglich die Erkenntnis, daß Eifersucht ein alles verschlingendes, zerstörerisches Gefühl ist. Ich hatte den Eindruck, Medeas Tat und andere Verbrechen aus Leidenschaft nun aus einer Sicht zu sehen, wie es mir nie möglich gewesen wäre, hätte ich nicht erlebt, wie sich Kate in einen Drachen verwandelte. Ich habe nicht die geringste Ahnung, wie man Abhilfe schaffen kann. Mir scheint, Eifersucht ist wie auf hoher See von einem heftigen Unwetter überrascht zu werden. Es hilft nichts, die Sache einfach zum Teufel zu wünschen, man kann nur versuchen, alles heil zu überstehen.

Abhilfe kam für Kate zehn Monate, nachdem der Sturm über sie hereingebrochen war. Eines Abends ging ich in der Dämmerung hinaus, um nach Boston zu sehen, und entdeckte ihn bei einem halbaufgefressenen Kaninchen. Tausendmal habe ich mir später gewünscht, ich wäre so schlau gewesen, daß mir aufgegangen wäre, eine so winzige Katze wie er könne kein ausgewachsenes Kaninchen erlegen, daß das Kaninchen im Sterben gelegen oder bereits tot gewesen sein mußte, als er sich darüber hergemacht hatte. Ein bißchen Nachdenken, und mir wäre eingefallen, daß ein paar Tage zuvor ein Arbeitstrupp an den Bahngleisen Unkrautvernichtungsmittel versprüht hatte. Aber mir fiel nichts Besseres ein, als Boston hochzuheben und ihn wegen seiner glasigen Augen und dem runden Bäuchlein zu necken, die meiner Meinung nach vom Überfressen kamen. Einen Tag später war Boston tot. Nachdem ich den kleinen Körper begraben hatte, ging ich zurück ins Haus, und zum erstenmal seit Monaten kletterte Kate auf meinen Schoß, drehte sich auf den Rücken und streckte die Pfoten aus, um mein Gesicht zu tätscheln. Woher wußte sie, daß ihr verhaßter Rivale tot war? Sie wußte es, und von diesem Augenblick an war sie wieder wie früher. Nun war wieder Zeit zu lieben.

Ist die schreckliche Zeit vorbei und der Rivale aus dem Weg, besteht also die Möglichkeit, zu verzeihen und weiterzumachen, als sei nie etwas geschehen. Zumindest hat Kate mich das gelehrt.

Manchmal amüsiere ich mich damit, mir auszumalen, was eine Katze für ein Mensch wäre. Ich glaube, über Kate kann ich ein paar ganz zutreffende Vermutungen anstellen. Aristokratisch und autokratisch, wäre sie, wie bereits angesprochen, eine kühne Abenteuerin gewesen, einer Alexandra David-Neel und der ehrenwerten Jane Digby ebenbürtig.

Sie war nicht direkt neugierig, aber stets interessiert, konnte zufrieden die Vorzüge von Komfort genießen, aber wenn es sein mußte, auch getrost darauf verzichten. Eine meiner lebhaftesten Erinnerungen an Kate ist, wie sie, das Fell weiß vom Mörtelstaub, auf einem Sessel mit gebrochenen Sprungfedern thront und mir nachsichtig-huldvoll zusieht, wie ich die alten Wände in Go Well einreiße und dabei der bröckelnde Putz um sie herum herabrieselt.

Sie wäre Atheistin gewesen, da bin ich mir sicher, aber das träfe auf alle Katzen zu. Im Unterschied zu Hunden sind sie keine Anbeter. Sie scheinen Götter weder zu wollen noch zu brauchen. Ich glaube, sie wäre Feministin gewesen. Ich kann mir nicht vorstellen, daß sie es hingenommen hätte, zu dem, wie man es einmal bezeichnete, »Proletariat der Haus- und Bürohüterinnen, Ehemann- und Kinderbedienerinnen, sexuellen Bedürfnisse Stillenden und Egounterstützerinnen« zu gehören, eben die Rollen auszufüllen, die Frauen einmal ausgefüllt haben und oft genug heute noch ausfüllen. Sie war durch und durch weiblich, aber kein Weibchen, nicht abhängig oder aufopferungsvoll und wäre nie ganz in anderen aufgegangen. Sie hätte sich energisch für eine Sache eingesetzt, wäre aber niemals ein Vereinsmeier geworden.

Wäre sie Schauspielerin gewesen, dann am ehesten eine wie Katharine Hepburn; als Sängerin eine Maria Callas; als Politikerin eine Margaret Thatcher. Wie Maggie Thatcher hätte sie gerade diesen Ansatz von Kratzbürstigkeit gehabt, um allen im Lande zu verkünden: »Reißt euch am Riemen. Genug von dem Gejammere von Rechten und Privilegien und von diesem Anspruchsdenken. Ihr habt einen eigenen Willen. Gebraucht ihn!« Sie hätte mit Sicherheit dem italienischen Psychiater Roberto Assagioli beigepflichtet, der anmerkt: »Natürlich sind wir von der Vergangenheit geprägt, aber es liegt in unserer Macht, das nicht als unveränderlich hinzunehmen, sondern fortzugehen, uns zu ändern.«

Mit anderen Worten, Kate würde sagen: »Übernimm die Verantwortung für dein Leben. Los. Mach etwas draus.«

Im Laufe der Jahre kamen andere Katzen zu uns – Poppy, Socksie, Trot und Connies Chester und Pickles –, und merkwürdigerweise hatte Kate keine Probleme damit. Sie war sehr wohl imstande, die normale Zuneigung und Hinwendung zu ihnen von meiner besonderen Beziehung zu Boston zu unterscheiden. Sie wußte, mein Herz war von Boston auf ganz andere Art erobert worden, und das konnte sie nicht ertragen.

Aber nach Bostons Tod war alles wieder wie vorher. Wir zankten uns; wir versöhnten uns. Wir kritisierten einander; wir bewunderten einander. Wir stellten Anforderungen; wir waren großzügig. Wir gingen auseinander; wir kamen wieder zusammen. Alles in allem, unsere Beziehung war so einfach und auch wiederum so komplex wie das eben zwischen zwei willensstarken Persönlichkeiten der Fall ist.

Sie war ungefähr fünfzehn, als sie krank wurde. Normalerweise wäre es mir sofort aufgefallen, und tatsächlich war mir auch bewußt, daß sie nichts fraß. Aber es war während der Weihnachtsfeiertage, und ich war zu sehr abgelenkt, um weiter darauf zu achten, bis sie am Neujahrstag plötzlich ernsthaft krank zu sein schien, und zwar so krank, daß ich mit ihr in die Notaufnahme des Animal Medical Center ging. Dort stellte ein Arzt einen Tumor am Magenausgang fest und meinte, in Anbetracht ihres Alters sei es wohl am besten, sie einzuschläfern und nicht mehr zu operieren.

»Aber nicht hier«, sagte ich. »Mir wäre es lieber, es würde die Tierärztin machen, die sie kennt.«

Auf dem Nachhauseweg fiel mir ihre Vorliebe für Pfefferminzeis ein. Wann immer wir aufs Land fuhren, hielt ich bei einem Howard Johnson's an und kaufte eine Waffeltüte, und Kate leckte auf der einen Seite und ließ dabei ihre rosa Zunge in rasender Geschwindigkeit vor- und zurückschnellen, und ich leckte auf der anderen Seite. Kamen wir zur Mitte hin und unsere Zungen näherten sich, wanderte der Rest samt Waffel zu Hector. Ich bekam in der Stadt nicht das gewünschte Pfefferminzeis, darum kaufte ich etwas Vanilleeis, ließ es schmelzen und träufelte es ihr ins Maul. An jenem Tag schluckte sie ein bißchen davon, am nächsten mehr, am übernächsten noch mehr und am vierten Tag ging sie wieder zu ihrer gewohnten Thunfischmahlzeit über.

Sie erholte sich vollkommen und lebte noch fünf Jahre, wurde also zwanzig Jahre alt, aber nach ihrer Krankheit begann sie richtig alt zu werden.

Meine schöne Kate wurde langsam gebrechlich, abgezehrt und irgendwie schäbig, ihr Fell wurde stumpf und wirkte irgendwie seltsam verfilzt. Ihr Charakter blieb ganz der alte, aber sie konnte nicht mehr auf meinen Schoß springen; ihren Hinterbeinen fehlte die Sprungkraft. Sie kam an meinen Schreibtisch und machte ein kratzendes Geräusch wie von einer Maus, die nach einem Halt für die Füße sucht, dann erhob sie ihre gebieterische Stimme.

»Was ist, Kate?« fragte ich. »Zeit zu lieben?«

Sie konnte nichts weiter tun, als am Bein des Sessels zu scharren, auf dem ich saß und las, und den kehligen Laut zu gurren, mit dem sie befahl, »Nimm mich hoch«.

Es kam vor, daß sie mich von irgendwo rief, und ich entdeckte sie in einer Ecke, wo sie sich hilflos von einer Wand zur anderen drehte und nicht mehr herausfand. Stolperte sie in Hector hinein, das einzige andere Wesen, das sie wirklich mochte, fuhr sie ihn fauchend an, weil er ihr im Weg gestanden hatte, und manchmal schien sie sich nicht mehr erinnern zu können, wo ihre Futterschüssel und ihr Wassernapf standen, und ich mußte sie hinbringen.

Früher hatte ich gedacht, wenn das Aussehen und fast alles andere, was die Persönlichkeit einzigartig, lieb und teuer macht, schwindet, müßte auch die Liebe schwinden. Aber inzwischen weiß ich, Aussehen und Alter haben nichts mit Liebe zu tun, wenn Vertrauen und Gemeinsamkeit vorhanden sind, ist man einander weiterhin unvermindert zugetan.

Noch etwas über die Liebe lehrte mich Kate. Sie lebte in einer Katzenwelt und ich in der Menschenwelt, und zwischen beiden Welten klafft ein Abgrund. Aber selbst zwischen Menschen klafft ein Abgrund.

»Eine erstaunliche Tatsache, über die man gar nicht genug nachdenken kann, ist«, schrieb Charles Dickens, »daß jedes menschliche Wesen für jedes andere ein ewig unergründliches Geheimnis und Rätsel darstellt.« Verlieben Sie sich, sehnen Sie sich nach Verschmelzung, danach, daß aus zweien eins wird, nach einem Leben in ein und derselben Welt. Ist Ihnen das Glück vergönnt, die Entwicklung zu reifer Liebe zu erleben, merken Sie, daß Sie zwangsläufig in getrennten Welten leben, in »zwei Einsamkeiten«, wie Rilke es nannte. Kate lehrte mich, daß es daran nichts zu bedauern gibt, daß es möglich ist, die persönliche Eigenart des anderen zu akzeptieren – sie sogar hoch zu schätzen – und dennoch über den Abgrund hinweg rückhaltlos zu lieben.

Schluß

Die Zeit verging, und heute leben andere Katzen in Go Well. Bitty, Poppy, Chester, Socksie, Trot und Kate sind nicht mehr da. Nur Sweet William, schöner denn je, ist noch von der alten Riege geblieben.

Oft sagen Menschen, die ein geliebtes Tier verloren haben, sie wollten kein anderes mehr, man hinge zu sehr an einem Tier, der Schmerz über den Verlust sei zu groß. Ich kann den Schmerz nicht leugnen. Als ich akzeptieren mußte, daß Bitty tot war, brach mir fast das Herz. Eines Nachts, als sich Gäste verabschiedeten, stürmte er zwischen ihren Beinen hindurch hinaus, genau wie er vermutlich ein Jahr zuvor aus einem anderen Haus entlaufen war.

Es war bei weitem nicht das erste Mal, daß Bitty eine Nacht lang draußen blieb, und obwohl mir lieber gewesen wäre, er wäre im Haus geblieben, machte ich mir keine Sorgen. Am nächsten Morgen öffnete ich die Haustür in der Erwartung, der ungeduldige kleine Kerl würde mit Begrüßungsschreien hereinsausen, aber die Veranda war leer. Ich rief. Ich pfiff.

»Er wird schon auftauchen«, meinte Connie.

»Sicher«, pflichtete ich ihr bei. Aber mich beschlich ein ungutes Gefühl. Auf meinem Morgenspaziergang mit Charlie suchten meine Blicke forschend das Dickicht ab, und alle paar Schritte rief ich Bittys Namen. Mitten am Vormittag hörte ich auf zu arbeiten und suchte Wald und Flur ab; am Nachmittag suchte ich auf den Feldern gegenüber vom Haus; am späten Nachmittag suchte ich in einem Pferdestall drei Felder weiter, dem nächsten Gebäude und dem einzigen innerhalb einer Entfernung, in der Bitty herumstreifen könnte.

»Vielleicht hielt ihn jemand für einen Streuner und hat ihn mitgenommen«, erklärte Connie. »Vor ein paar Wochen hat er sein Halsband verloren, erinnerst du dich?«

»Bitty würde nie mit irgend jemand mitgehen«, sagte ich.

Es war diese absolute Gewißheit, die mir Angst machte. Ich fürchtete, er könne verletzt oder irgendwo gefangen sein, so daß er nicht nach Hause kommen konnte. Am zweiten Tag seines Verschwindens suchte ich den ganzen Tag. Ich war verzweifelt, ich wollte ihn unbedingt finden, bevor es zu spät war, um ihn heil und gesund zu machen.

Am vierten Tag hielt mich die Erinnerung an Pickles auf den Beinen, die, als Connie sie vor einigen Jahren in den Ferien in ein Häuschen in den Wäldern von New Hampshire mitgenommen hatte, mit einem gebrochenen Bein, gebrochenem Becken und zertrümmertem Schwanz zum Häuschen zurückgekrochen kam, nachdem sie vier Tage lang vermißt gewesen war. Ich stellte mir vor, Bitty läge mit so fürchterlichen Verletzungen irgendwo in den Stoppelfeldern oder im Wald, zu schwach, um zu rufen, und ich konnte nicht aufhören, nach ihm zu suchen. Vielleicht da, in diesem Gestrüpp. Vielleicht gleich in dem dahinter.

Nach vier Tagen mußte ich akzeptieren, daß ich im besten Fall nur noch Bittys Leichnam finden würde, aber ich suchte weiter, denn um damit fertigwerden zu können, mußte ich wissen, wie er gestorben war. Jedesmal, wenn ich zum Haus zurückkehrte, flackerte ein Fünkchen Hoffnung auf, irgendwie, wundersamerweise, käme das kleine Kerlchen auf die Veranda geflitzt und die fröhliche Stimme würde zu mir sprechen.

Ich stellte mir vor, wie ich ihn ungestüm an mich drücken und immer wieder sagen würde: »O Bitty, ich bin so froh, ich bin so froh!«

Das Wunder geschah nicht. Am Ende der Woche gab ich die Suche auf und fand mich damit ab, daß es nicht mehr hatte sein sollen als ein Jahr reiner Liebe. In mein Notizbuch schrieb ich:

»Der liebe, liebe Bitty, mein geliebter Bitty, ist bestimmt tot. Ich bin unendlich traurig. Ich liebte ihn von ganzem Herzen, so bedingungslos, daß ich über diesen Verlust kaum hinwegkomme.

Ich habe ihn nie im Stich gelassen, ihn immer uneingeschränkt geliebt. Ich war immer liebevoll, immer freundlich, immer für ihn da. Und das, weil er mit seiner gleichbleibend guten Laune, seinem Kommunikationsbedürfnis, seiner Freude am Geliebtwerden, das wahrhaft Beste in mir geweckt hat. Er liebte in vollen Zügen, und ich hatte keinen Grund, in meiner Liebe zurückhaltend zu sein. Denn im Gegensatz zu einem Menschen, bei dem das hätte der Fall sein können, stellte er nie Anforderungen, die ich nicht erfüllen konnte oder wollte, nutzte er mich nie aus und manipulierte mich nie, nie beutete er meine Zuneigung zu seinem Vorteil aus. Ich konnte mich völlig preisgeben und vorbehaltlos lieben – und das habe ich getan.«

Drei Monate später schleppte irgendein Tier Bittys steif gefrorenen toten Körper an den Rand des Feldes gegenüber vom Haus, wo ich ihn fand und begrub.

Und wieder weinte ich wie drei Monate zuvor.

Ja, Bitty zu verlieren, war grausam, aber hätte ich mich von vornherein gegen diesen Schmerz gewappnet, wäre mir die Freude versagt geblieben, die es bedeutete, ihn zu lieben. T. H. White, der englische Autor von *The Once and Future King*, hatte eine geliebte Setterhündin namens Brownie, und als sie starb, schrieb er an seinen Freund David Garnett: »Brownie war mein Leben, und ich bin einsam ohne ein anderes derartiges Reservoir für meine Liebe... Aber legte ich mir wieder ein solches Reservoir zu, würde es in ungefähr zwölf Jahren sterben, und momentan habe ich das Gefühl, ich könnte das nicht noch einmal ertragen. Gewöhnen sich Menschen daran, durch den Tod eines geliebten Wesens beraubt zu werden? Für mich ist es das erste Mal.«

Garnett antwortete: »Du fragst, ob du eine andere Hündin kaufen sollst. Jeder kann nur für sich selbst sprechen, aber meiner Meinung nach ist das beste Mittel gegen das betäubende Versinken im Schmerz, Verantwortung für ein lebendiges Wesen zu tragen. Deshalb würde ich sagen, ja, du sollst.«

White befolgte den Rat des Freundes und kaufte einen anderen Hund, wieder einen Setter, denn er meinte, es sei töricht, seine Kenntnisse über Setter, die er Brownie zu verdanken hatte, nicht zu nutzen. Ohnehin könne kein Setter ihn je stärker an Brownie erinnern als eine Frau an eine andere.

Keine Katze erinnerte mich je wieder an Bitty, aber andere Streuner kamen nach Go Well und wurden herzlich aufgenommen: Annie Orphan, Ödipus, Bumpy und Zachary. Sie gaben mir ein Reservoir für meine Liebe, das vielleicht in meinem Innern verkümmert wäre, wenn ich sie abgewiesen hätte, weil ich die Vorstellung nicht ertrug, sie wie Bitty eines Tages zu verlieren.

Man liebt immer wieder aufs Neue, sei es ein Tier oder einen Menschen. Die Liebe ist anders, weil das Tier ein anderes, der Mensch ein anderer ist, aber es ist Liebe, und man muß sie geben. Besser der heftige Schmerz beim Erleiden des Verlustes, als innerlich auszutrocknen aus Mangel an Gefühlen.

»Gewöhnen sich Menschen daran, durch den Tod beraubt zu werden?« fragte White. Ich glaube nicht, aber man gewöhnt sich eher an den Gedanken des Todes, wenn man aufgrund der kürzeren Lebensspanne eines Tieres diese Erfahrung mehrere Male durchgemacht hat. Kommt der Tod nach einem erfüllten Leben im hohen Alter wie bei Kate mit zwanzig Jahren, scheint er natürlich. Man begrüßt ihn mehr, als daß man ihn bedauert. Kates phantastisches Fell war schütter und stumpf geworden, ihre Augen hatten sich getrübt, ihre Gedanken waren verwirrt, ihre Glieder steif. Ihr Körper war ihr keine gute oder angenehme Heimstatt mehr zum Leben. Es war nicht traurig, als die Zeit kam, daß sie daraus ausziehen mußte; es war richtig.

Eines Nachmittags, ich befand mich gerade in ihrer Nähe, stieß sie einen Schrei aus und wich rasch zurück, als werde sie von etwas angegriffen und versuche zu entkommen. Ich glaube, sie versuchte, vor dem grell blendenden Kopfschmerz eines Schlaganfalls zu entfliehen, denn im nächsten Moment fiel sie hin, und noch bevor ich bei ihr war, war sie tot.

So möchte ich sterben: nur Zeit für einen kurzen Schrei der Überraschung, dann Vergessen.

Sollte es anders kommen, werde ich mich an Socksie erinnern und versuchen, dem Tod mit der gleichen Würde zu begegnen wie er. In dem September, der auf Connies Umzug aufs Land folgte, lag ich mit einem Bandscheibenschaden im Krankenhaus, und als sie mich besuchte, erwähnte sie, Socksie scheine nicht da zu sein.

Connie hatte mit ihrer Praxis, der Führung des Haushalts, dem Füttern der Tiere, dem Spazierengehen mit dem Hund und den Erledigungen für mich mehr als genug um die Ohren, deshalb war sie nicht sicher, wann sie ihn zuletzt gesehen hatte.

»Er kann nicht verschwunden sein«, sagte ich. »Socksie liebt seine Bequemlichkeit viel zu sehr, um weiter wegzugehen als bis zum Rosengarten.«

»Vielleicht ist er weg und sucht dich?«

»Unsinn«, erwiderte ich. Aber als Socksie an dem Tag, an dem ich nach Hause kam, wieder erschien, nahm Connie das als Beweis für ihre These. Er hatte stark abgenommen, und wir dachten, es läge daran, daß er zehn Tage fort gewesen war.

Ungefähr eine Woche lang, während ich mich von meiner Rückenoperation erholte, lag er ruhig neben mir auf der Couch, aber auch das beunruhigte uns nicht, denn er liebte es, sich an einen Körper zu schmiegen. Dann, am ersten Nachmittag, an dem ich aufstehen durfte, verschwand er erneut.

Am nächsten Morgen ging ich langsam spazieren,

schaute am Ufer nach ihm, schlug einen Kreis und ging an den Staudenrabatten am Rand des Grundstücks entlang zurück, durch den mittleren Bereich des Gartens und weiter durch einen Glyzinienbogen. Da, im Schatten der Eibe, fand ich Socksie auf der Seite liegend. Eine Fliege krabbelte über sein geschlossenes Auge. Er war in den Garten hinausgegangen, um zu sterben, machte uns im Tod so wenig Schererein wie im Leben, blieb nah, solange er konnte, aber ging weg, um allein mit seiner Krankheit fertigzuwerden. Ich wünschte, er hätte uns irgendwie wissen lassen, daß er im Sterben lag. Ich wünschte, er wäre zu uns gekommen, damit wir ihn angesichts des Todes hätten festhalten können, aber seine Tapferkeit berührte mich. Ich hoffe, wenn es so kommen sollte, kann ich das Unvermeidliche so bereitwillig annehmen wie er.

Ich habe von Katzen viel über das Leben, aber auch einiges über das Sterben gelernt: in erster Linie die Natürlichkeit von Altern und Tod, aber darüber hinaus, daß das Sterben der Persönlichkeit entspricht. Die willensstarke Kate setzte sich dagegen zur Wehr. Der sanfte Socksie fügte sich und entfernte sich allmählich. Bitty, stelle ich mir vor, zog unbekümmert und abenteuerlustig los und wurde im Kampf von einem Geschöpf besiegt, das über bessere Waffen verfügte als er.

Und Chester? Ich weiß nicht, was ich mir bei Chessie vorstellen soll. Vielleicht, weil ich nicht an seinen Tod denken möchte, denn Connie und ich sind dafür verantwortlich.

Es war spät an einem Sommertag, und ich war allein zu Hause, als ich von draußen vor dem Haus wütend fauchende, kreischende Laute hörte, Laute, wie ich sie schon einmal gehört hatte, als ich zwei kämpfende Waschbären beobachtete. Eine Woche zuvor war eine unserer Freundinnen in ihrem Garten von einem tollwütigen Waschbären angegriffen worden, und die Zeitungen und der Rundfunk hatten Warnungen gebracht und darauf hingewiesen, sich keinesfalls bei Tageslicht draußen einem Waschbären zu nähern, denn diese nachtaktiven Tiere ließen sich tagsüber nicht sehen, es sei denn, sie würden aufgrund von Tollwut alle angeborene Vorsicht vergessen. Ich rannte also auf die vordere Veranda, verharrte aber auf der obersten Stufe.

Der Waschbär, ein ausgewachsenes Exemplar, kauerte geduckt in der Auffahrt. Wieder knurrte er wütend und stieß unter meinen Wagen. Entsetzt sah ich, daß er Chester am Hinterbein gepackt hatte und ihn hervorzerrte. Ich schnappte einen Blumentopf und schleuderte ihn wie einen Bumerang. Er landete neben dem Waschbären, zerbrach und die Scherben flogen in alle Richtungen. Der Waschbär, darob erschrocken, ließ Chessie los, drehte sich um und starrte mich an. Ich schleuderte einen zweiten Topf, und als auch dieser zerbrach und Tonscherben und Erde durch die Gegend sausten, knurrte der frustrierte Waschbär wütend, wandte sich aber um und ging schwankend wie ein Elefant langsam zur Brücke. Mitten auf der Brücke blickte er sich um und stieß noch einmal kreischende Laute aus, bevor er im Wald auf der anderen Seite des Flusses verschwand.

Ich lief hin, um Chessie zu holen und trug ihn ins Haus. Seine Hinterbeine waren von Blut und Waschbärspeichel durchtränkt. Ich hielt sie unter fließendes

Wasser und säuberte sie, so gut ich konnte, aber wegen seiner langen Haare und des ganzen Durcheinanders konnte ich das Ausmaß der Verletzungen nicht einschätzen. Ich wickelte ihn in ein Handtuch und hielt ihn im Arm, während ich unsere Tierärztin anrief. Es war außerhalb der Sprechstunde, und am Telefon kam nur die Nachricht, man solle sich im Notfall an eine Klinik vier Städte weiter entfernt wenden, die einen Vierundzwanzigstundendienst eingerichtet hatte.

Die Fahrt dauerte eine Dreiviertelstunde, und eine weitere Dreiviertelstunde dauerte es, bis ein Tierarzt erschien. Der Arzt rasierte Chessies Beine und legte eine Reihe kleiner Löcher und klaffender Wunden frei, von denen eine genäht werden mußte. »Ich muß das der Behörde melden«, erklärte der Arzt, »wegen der Gefahr von Tollwut muß die Katze entweder eingeschläfert werden oder sechs Monate in Quarantäne in einen Käfig.«

»Auch wenn er gegen Tollwut geimpft ist?«

»Vielleicht nicht, wenn die Impfung im entsprechenden Zeitraum stattgefunden hat, ich bin mir aber nicht sicher.«

Der Impfschutz war abgelaufen. Aus der Kartei unserer eigenen Tierärztin ergab sich, daß die letzte Auffrischung drei Jahre zurück lag und Chessies Wiederholungsimpfung überfällig war. Die Tierärztin bestätigte, er müsse sechs Monate in Quarantäne. Wir hätten ihn zu Hause unter Quarantäne stellen können. Da wir Chessie so gut kannten, waren wir sicher, sofort Anzeichen von Tollwut zu erkennen, so daß wir unverzüglich Schritte zu unserem Schutz hätten unternehmen können. Aber... Aber Connie und ich sollten zwei Tage später auf eine lange geplante Europareise gehen, und in den drei Wochen unserer Abwesenheit hütete ein Freund das Haus. Er kannte Chester nicht, er hatte nie selbst Katzen gehabt; er hätte kein von der Norm abweichendes Verhalten feststellen können; er tat uns einen großen Gefallen, wenn er sich um die Tiere und das Haus kümmerte. Durften wir riskieren, ihn der Gefahr von Tollwut auszusetzen? Wir entschieden, nein.

Bis zum heutigen Tag ertragen Connie und ich es nicht, über diese Entscheidung zu sprechen. Wir beide waren intuitiv der Überzeugung, Chessie sei gesund und würde nicht an Tollwut erkranken, daß wir ein starkes, liebes, würdevolles, anmutiges Tier töten ließen, das noch Jahre hätte leben können. Taten wir das Richtige? Hätten wir etwas anderes tun können oder sollen?

Ich erinnere mich an eine lange zurückliegende Unterhaltung mit einer außerordentlich vernunftbetonten Frau aus meinem Bekanntenkreis, die mir von einem Besuch bei ihrem Onkel erzählte, der mit einer qualvollen, entstellenden Krankheit in einer Schweizer Klinik lag. Er hatte sehnsüchtig auf ihr Kommen gewartet, denn er rechnete damit, daß sie ihm helfen würde, seinem Leben selbst ein Ende zu setzen. Sie hatte vollstes Verständnis für seinen Entschluß, brachte es aber nicht über sich, ihm die Tabletten, um die er sie bat, zu geben. Ich hätte es getan, dachte ich damals, aber nach Chessie bin ich mir nicht mehr so sicher. Ich halte den Tod nicht für etwas Böses. Ich glaube, er ist manchmal ein großer Segen, und ich glaube,

Menschen haben ein Recht darauf zu bestimmen, wann das Leben für sie unerträglich geworden ist. Aber inzwischen weiß ich, wie furchtbar schwer es ist, derjenige zu sein, der bestimmt: Ja, mach diesem Leben ein Ende.

Es ist leichter, derjenige zu sein, der aus dem Leben scheidet. Ich hatte einmal innerhalb von zehn Tagen zwei Operationen, und nach der zweiten halluzinierte ich, ich sah mich einen unendlich scheinenden, baumlosen, schlammigen Hügel hinabgleiten, immer weiter gleiten. Mir fehlte die Kraft zum Festhalten, es gab ohnehin keine Haltepunkte, und so glitt ich an den Rand der Welt. Ah, war mein Empfinden, ich sterbe. Wie leicht. Wie einfach. Ich hatte nichts dagegen. Es machte mir nicht das Geringste aus.

Nach vier Tagen war ich über dem Berg und kehrte ins Leben zurück, aber in den Wochen der Genesung, die auf dieses Erlebnis folgten, befremdete und ängstigte mich eine sonderbare Gleichgültigkeit. Menschen, an denen mir lag, die Arbeit, an der mir lag, Interessen, die mich in Anspruch genommen, Sorgen, die mich bedrückt hatten – alles hatte keine Bedeutung mehr für mich; ich war innerlich nicht mehr daran beteiligt. Stunde um Stunde lag ich auf einer auf das Meer hinausgehenden Terrasse, und das Leben war für mich ohne Konturen wie die See, auf die ich hinaussah.

Eines Tages schwebte eine Möwe herbei. Ihre Flügel bewegten sich nicht, sie ruhte auf Luftströmungen und ließ sich willenlos hierhin und dorthin treiben, wo immer die Brise sie hintrug. Die Zeit verging, und immer noch ließ sie sich ziellos treiben, hinaus aufs

Meer, zurück an Land, hoch zum Himmel hinauf, tief hinunter zum Wasser. Als die Sonne schließlich unterging, wandte sich die Möwe Richtung Land, nahm Kurs auf und begann mit den Flügeln zu schlagen, erst langsam, dann zunehmend entschlossener. Nun hatte sie ein Ziel, und sie bemühte sich, dorthin zu gelangen.

Ich bin wie diese Möwe, dachte ich. Jetzt lasse ich mich treiben. Aber ich werde wieder ein Ziel haben, ich werde wieder beginnen, mich zu bemühen, und alles wird wieder Bedeutung erlangen.

Danach verstand ich, daß das Leben nicht von Natur aus mit innerer Bedeutung erfüllt ist, es hat nur die Bedeutung, die wir ihm geben. Und die Bedeutung, die wir dem Leben verleihen, hat entscheidenden Einfluß auf das, was uns das Leben zurückgibt. Darum ist es wichtig, soviel wie möglich über die Kunst zu leben in Erfahrung zu bringen.

Lehrmeister in Sachen Kunst des Lebens können große Persönlichkeiten, kluge, nachdenkliche Menschen, Bücher, Gespräche, die Natur, Geschichten sein – und sogar Katzen –, wenn man die Wahrheit, die überall zu finden ist, annimmt und zur eigenen macht.

Sieben Lehren von sieben Katzen: Von Poppy, sich selbst zu kennen. Von Chester, sich selbst zu akzeptieren. Von Socksie, sich zurückzuhalten. Von Trot, eine hohe Meinung von sich selbst zu haben. Von Sweet William, sich mit sich selbst in Einklang zu befinden. Von Kate, man selbst zu sein. Und von Bitty, in Liebe und Herzlichkeit über sich selbst hinauszugehen.

Manchmal wird es Fehlschläge geben, Ihre eigenen und die anderer. Wenn sie sich ereignen, wenden Sie sich wieder den Katzen zu. Kaum etwas in diesem Leben ist tröstlicher als ein auf dem Schoß schnurrender Körper und das Gefühl weichen Fells unter den Händen.

Ein cleverer Siamkater, der einen skrupellosen Katzenfänger das Fürchten lehrt... eine mit allen Wassern gewaschene Straßenkatze, die das rätselhafte Verschwinden eines Antiquitätenhändlers aufklärt... eine elegante Perserkatze, die offenbar Geister zu beschwören vermag...
In vierzehn atemberaubenden Kriminalgeschichten setzt Bestsellerautorin Lilian Jackson Braun ihre samtpfötigen Detektive mit großer Kennerschaft in Szene – frei nach dem Motto: Wer zuletzt lacht, lacht am besten.

ISBN 3-404-14214-4

Weihnachten sei für die Katz, heißt es. Tatsache ist aber: die meisten Katzen kommen bei diesem Fest – wenn überhaupt – zu kurz. Das muß anders werden, verlangen Katzenfreunde über die Grenzen der Geschlechter, Konfessionen und politischer Parteien hinweg – und das wird dieses Büchlein mit seinem Wohlgefühl-, Schnurr- und Streicheleinheiten ändern. Garantiert!

Aus dem Inhalt: Welcher Baum paßt zu welcher Katze? • Es ist für uns eine Maus angekommen • Denkt euch, ich hab' 'nen Goldfisch gesehen • Morgen, Kätzchen, wird's was geben • Womit man Katzen das Fest vermiesen kann und viele andere Anregungen.

ISBN 3-404-12593-2

Zwei Männer, grundverschieden und doch gleich: Der eine, Lubji Hoch, entstammt einer armen Familie osteuropäischer Juden. Er dient sich in der britischen Armee unter falschem Namen zum Offizier hoch und beginnt im Nachkriegs-Berlin mit dem Aufbau einer Zeitung.

Der andere, Keith Townsend, Sohn eines Zeitungsbesitzers in Melbourne, ausgebildet in Oxford, steigt in wenigen Jahren zum bedeutendsten Verleger Australiens auf. Doch seine Träume gehen weit darüber hinaus.

Es ist nur eine Frage der Zeit, bis sich die Kreise dieser beiden Männer schneiden werden. Jeder von ihnen hat das Ziel, das größte Medienimperium der Welt zu besitzen. Nur einer von ihnen wird überleben...

ISBN 3-404-14263-2